U0362023

启笛 听 见 智 慧 的 和 声

lejandro Grimson

Aitomanias argentinas

〔阿根廷〕

万杭德罗·格里姆森 著

侯健 张琼 译

阿根廷迷思

北京大学出版社
PEKING UNIVERSITY PRESS

编委会

一、国际学术顾问委员会

（按姓氏拼音排序）

郭长刚　　韩　琦　　王晓德

徐世澄　　袁东振　　郑书九

Aldo Marchesi　　　　Antonio Zapata

Enrique Krauze　　　Fortunato Mallimaci

Karina Batthyány　　Lilia Schwarcz

二、国际编辑委员会

（按姓氏拼音排序）

崔忠洲　　郭存海　　金晓文

林　越　　楼　宇　　万　戴

张　琨　　张伟劼　　章邵增

为什么要"理解拉丁美洲"?

2009年，委内瑞拉总统查韦斯在美洲峰会上送给奥巴马总统一本乌拉圭作家爱德华多·加莱亚诺（Eduardo Galeano）的经典著作《拉丁美洲：被切开的血管》（*Las Venas Abiertas de América Latina*）。这本书曾风靡整个拉丁美洲，是人手一册的"红宝书"。查韦斯的这个举动被认为是暗讽和警告奥巴马不要忘记美国在西半球的帝国主义行径。正当我为此感到"大快人心"时，一位拉美朋友却留给我长长的一段话：

> 当我读到《拉丁美洲：被切开的血管》的时候，我更多想到的是中国而不是奥巴马和美国。中国将是西方之外第二个给拉丁美洲带来重大影响的国家。中国在拉丁美洲过去500年的掠夺史中没有扮演任何角色，不过她很可能是未来500年的领导者。假如有任何外国在21世纪的拉丁美

1

洲需要对"掠夺"和"商业投资"之间的细微差别保持警惕的话，那么这个国家就是中国。因为你永远不知道迎宾曲能持续多久。尽管拉丁美洲和中国长期存在贸易赤字，一些中国（矿业）公司也存在劳工和环境风险，但拉丁美洲并没有将中国同《拉丁美洲：被切开的血管》中的无赖国家视为一丘之貉，不过中国必须谨记西班牙、英国和美国在拉丁美洲的遗产。如果中国像以前的那些"外国前辈们"一样贪婪，眼睛里只有资源，那么可以肯定未来她也会成为同一主题的书籍的主角……

十多年来，这段话犹如一把"达摩克利斯之剑"，让我警醒，让我铭记，驱使我不懈努力以增进我们对这片充盈着"丰饶的苦难"的地区的认识……

进入 21 世纪以来，中国和拉美相向而行，联系日益紧密，但潜藏一种风险：如果彼此了解太少，接触越频繁，引发摩擦的概率越高。目前，中国已是许多拉美国家的第一或第二大贸易伙伴和重要的外国直接投资来源国。这充分说明，中国和拉美虽有山海之隔，但已紧密相连。然而，这种"天涯咫尺"并没有同步拉近中拉民众之间的心理距离。20世纪90年代初，李慎之先生就曾说过，"我们对拉丁美洲的认识往往是抽象的概念多于具体的知识，模糊的印象多于确切的体验"。三十年过去了，这种窘境迄今虽未有多大改观，但为改变这种窘境的准备却已充分。截至2021年底，中国开设西班牙语和葡萄牙语专业的高等院校分别达到156所和57所，从事拉美相关研究的机构高达65个。中国对拉美经济、政治与文化方面的影响越强，我们也就越需要敞开心扉走近拉美、俯下身子理解拉美。

作为新一代知识分子，推动拉美知识在中国的生产和传播是一种义不容辞的使命。当前国内有关拉美的图书总体相对偏少，而国内目前译介过来的一些拉美主题图书，多数是基于美国和欧洲的视角，而非拉美学者自身的视角。如此，拉美人看中国本就借由"欧美折射的目光"，而今中国"了解"拉美又再度经过欧美的折射。现在的中国不想，也无需经过他人的视角来看拉美。中国希望与拉美一起，彼此进行直接的审视与坦诚的交流。而要达到这一目标，就要满足两点：一是要尽可能多方面地了解拉丁美洲，在国内多是翻译西方作者有关拉美著作的今天，多译介一些拉美作者的著作无疑有助于这一目标的实现。二是在多方面了解拉美的过程中，中国需要，也必然会形成自己对拉丁美洲的"理解"。这一主客观相互影响的"理解"过程便构成了"理解拉丁美洲"文库选书的标准：一方面，译著倾向于选取拉美的经典通俗作品译介，希望能够向中国读者介绍拉美人眼中的拉美；另一方面，原创作品则以专业素养与田野经验俱备的中国学者作品为主，希望能够在不断"了解"的过程中，表达出中国自身对拉丁美洲的"理解"。

　　这一愿景得到了中国和拉美学界的广泛共鸣。基于此，我们成立了两个委员会：一个是由中国拉美研究新一代学者组成的编委会，一个是由中拉学术界颇有威望的老一辈学者组成的国际顾问委员会，以合力为中国大众奉献一套"轻学术"风格的拉美人文丛书。

　　是为序。

郭存海　张　琨

2022 年 8 月 5 日

我们的语言中满是神话。

路德维希·维特根斯坦《关于弗雷泽的〈金枝〉》

目录

2　衰落神话　/059

中文版前言

　　得知本书将被译成中文，我激动万分。我一直认为写书就像是往大海里扔漂流瓶，任何人都有可能接收到里面的信息。我的漂流瓶能够来到中国，一直是我的一个梦想。我同时坚持认为知识是不同的社会和人民之间通过对话构建起来的。中国文化和南美文化差异如此巨大，因此二者之间的对话也就势必更加丰富多彩。我们在不断证实这一观点，因为在南美的每座重要城市里都能见到中国公民的身影，他们住在我们身边，和我们做同样的工作，上同一所学校，分享日常生活的点点滴滴。我们和中华人民共和国之间在经济、社会和文化方面的联系也日益紧密了。

　　近年来，阿根廷的中国研究蓬勃发展，而中国的拉美研究也进行得如火如荼，这非常重要，因为建立在互相了解基础之上的联系将更加稳固。

　　这本书是爱国之心的产物，它要求我以批判性目光去审视我的祖国。热爱我的国家与对它提出批评并不矛盾，反之亦然。实际上这两件都是我一直在做的事情。正如读者所见，为了你所受的苦，也为了你看清的真相，你只能以这种方式去批评你热爱的事物。可有些问题太深刻了，有时你觉得自己已经找到了答案，可它却像流水一般从你的手中游走了。

　　这本书建立在一个问题之上，这个问题可以在任何一个国家被提出，而且答案必定各不相同：阿根廷人和阿根廷的关系是怎样的？为什么二者之间会存在问题？为什么阿根廷人喜欢说阿根廷坏话，甚至他们需要这么去做？

　　对，阿根廷人会因为国家队在世界杯上获得一场胜利或是梅西打进一粒进球上街庆祝，可阿根廷人也会在全国各地的街头焚烧我们那蓝白相间的国旗，甚至每天都会烧，就像是在做某种仪式，他们坚定地声称自己生活在一个糟糕透顶的国家。可事实并非如此，无论和其他哪个国家相比，阿根廷都绝非一无是处。但是存在着某种关于阿根廷应当成为什么样子的武断想象，具体说来，他们认为阿根廷应该成为欧洲国家（而且是顶尖的欧洲国家），于是在人们的日常语言中，一种落差就出现了，那种落差存在于"我们理应成为的样子"和"我们实际的样子"之间。

这本书是多年调研的成果，我从七十多句阿根廷人最常用来描述我们国家的话语出发，结合客观数据和多层次的分析，对其进行了系统性的批评。

我认为《阿根廷迷思》应该算得上是本有用的书。我们可以借助书中对涉及阿根廷发展、移民史、文化、身份、教育、政府、庇隆主义或工会运动等方面的社会信仰及信息的描写来认识阿根廷。

也许通过本书中译本，读者们可以找到理解阿根廷的许多重要线索。例如在拉丁美洲和加勒比海地区，几乎每个国家都认为和邻国相比，自己要"更'白'、更欧化"。这是殖民时期的遗留思想，却延续至今，我们依然在按照欧洲人、土生白人、印欧混血种人、印第安人和非洲后裔的等级顺序来构建我们的社会。从法律的角度来看，所有公民都享有同样的权利，但实际上种族主义问题依旧严重。就阿根廷来说，支持欧化身份思想（认为阿根廷就该是个欧洲国家的社会信仰）的依然大有人在。

另一条线索与经济史和社会史相关。19世纪末、20世纪初的阿根廷是个以原材料出口为基础的繁荣经济体，在世界经济体系中占有重要地位。由于阿根廷如今不仅失去了这种地位，连人均国内生产总值也显著下降了，所以社会上包括政治界的一部分人始终把早已过去的那个时期视作这个国家的荣耀时代。可是那时的阿根廷并没有发展工业，社会上也存在着许多严重问题。20世纪中叶，阿根廷发展起了工业，在庇隆执政时期，劳动人民的权利大大增加了。在那些年里，社会融合程度非常高。因此社会上和政治界又有一些人认为那才是这个国家历史上最好的岁月。

但是上述两拨人一致认为阿根廷已经衰败了，因为1976年出现了残酷的独裁政权，一时间人人自危（在阿根廷被称作国家恐怖主义），工业体系的大部分遭到破坏，还欠下了巨额外债。阿根廷于1983年重归民主。在经济方面和人权平等方面经历了数年发展后，阿根廷又大量欠起了外债，失业率和贫困率也随之上升。

阿根廷社会因此次体验到了巨大的失落感，人们怀疑这个国家是否会拥有光明的未来，那是人们感到疑惑迷茫的时期。《阿根廷迷思》试图证明：那段历史使得阿根廷人和阿根廷之间的关系出现了问题，悲观主义情绪使得人们对阿根廷许多积极的东西视而不见，如果留意到这些积极要素的话，我们完全有理由相信阿根廷会拥有比现在好得多的未来，对所有人而言都是如此。这本书同时还想证实：建设那种未来有个先决条件，那就是我们阿根廷人必须要去面对复杂性，面对细节，理解阿根廷社会的问题根源，但同时也要搞清楚阿根廷的真实实力到底如何。

我希望中国读者能够喜欢这本书，进而更好地理解阿根廷。从社会人类学家的角度来看，我始终坚信不同社会如果能更好地相互理解，那么它们在文化层面的对话就能更加流畅，这也将为双方进一步合作奠定更好的基础。

亚历杭德罗·格里姆森

2022 年 4 月

0

关于阿根廷的民族性

您曾经有机会走出阿根廷吗？在别的国家，除了欣赏迷人的自然景色和旅游景观（例如海滩、雪原、玻璃橱窗或游乐园）外，您有没有结识当地居民呢？对我来说，最令我惊讶的事情之一，便是发现没有任何一个国家的居民会像阿根廷人这样讲尽自己国家的坏话，而且还是每天都讲。在阿根廷，一想到自己是这个国家的一部分，进步的中间阶层就会心生恐惧，而这种恐惧在其他国家并不常见。这两点促使我朝着不同方向思考了很多，这本书是对这些思考的结晶，也许可以用一句话来概括内容：**对阿根廷的每日责骂，正是深沉的阿根廷民族性的体现**。换句话说，我想要探究的是我们众多的"民族文化"和习以为常的日常仪式的意义究竟何在？为什么我们总会听别人或自己说"这个国家就是坨狗屎"？为什么有时我们又会因为"至高的阿根廷民族性"而改口说"我们是世界上最好的国家"？

可是，我们似乎从未找到存在于高傲与轻蔑之间的东西来定义阿根廷。

　　要找到其他的以自我贬辱为特点的文化并不容易，而找到终日坚称本国历届政府都恶贯满盈的国家也绝非易事。阿根廷人不会为特定的政府投票。那些不会为特定政府投票的人大都秉持这样一种观点：坐上总统宝座的人肯定全都心怀不轨，**"他们肯定有所图谋"。阿根廷政治分析的一大特色就是坚持怀疑执政者另有图谋。**这里，我不仅指的是我们这些无知的人随便坐在哪个街角或咖啡馆嚼舌根时说的话，还包括那些敏锐的记者、风光的知识分子和在超市里排队的人，他们同样会用十分奇诡的方式来辱骂执政者。最常被提及、流传最广的"图谋"就是指责他们"掠夺阿根廷"，还有就是那些执政者想要终结"资本主义"或"民主"，可是他们对何为资本主义、何为民主却没有清晰明确的认识。这些事情曾发生在伊里戈延、阿方辛和庇隆身上，也发生在基什内尔夫妇身上。①

---

①　伊里戈延（Juan Hipólito del Sagrado Corazón de Jesús Yrigoyen Alem）、阿方辛（Raúl Ricardo Alfonsín）、庇隆（Juan Perón）及基什内尔夫如内斯托尔·卡洛斯·基什内尔（Nestor Carlos Kirchner）和克里斯蒂娜·费尔南德斯·基什内尔（Cristina Fernandez de Kirchner）均曾任阿根廷总统。——本书注释均为译注。

这种推定使阿根廷政治争论中很少有真正思想上的交流。我们依然记得，那些所谓的进步派记者不断强调卡洛斯·萨乌尔[①]的西北部口音，或他声称曾读过苏格拉底的著作及博尔赫斯的长篇小说这些被当场打脸的错误[②]，推测他被马蜂蜇了脸[③]……以及许多类似的愚蠢论调（这些所谓进步人士最"爱国"、最恶劣的论调是吐槽卡洛斯·萨乌尔的拉里奥哈口音，竟然不宽容到这种地步）。针对基什内尔夫妇，他们也有类似的愚蠢言论：夫妻档，婚房，二人的穿衣品位，等等。

评价一届政府时，应当考量其实施的系列方针措施及推进过程。可是在这个充满激情又十分盲目的国家，能这样去客观评价的人太少了。面对这些政策，人们说不出自己是很喜欢、有些喜欢还是压根不感冒。在辱骂政府时，那些好政策也顺理成章变得糟糕

---

① 卡洛斯·萨乌尔·梅内姆（Carlos Saúl Menem, 1930—2021），出生于阿根廷拉里奥哈省，曾于 1989 年和 1995 年两度当选阿根廷总统。

② 苏格拉底并无著作传世，博尔赫斯从未写过长篇小说。

③ 事实是卡洛斯·萨乌尔做了一次面部外科手术。

起来——它们总会被披上机会主义的外衣，被认为是暗中交易或卑劣复仇的结果，仅仅是被用来强占敌对阵营阵地的工具，等等。在他们看来，坏政府永远做不出什么好事，而好政府也永远不会做坏事。前半句话在阿根廷人中间流传极广，后半句如果不是出自一些激进分子之口也很难令我接受。我们是推崇"万物皆恶"理念的狂热分子，这种狂热性是政治文化的关键组成部分，它阻碍我们更客观地去分析中央政府、省政府、市政府积极和消极的方面，因此也阻碍了我们去理解那些给不同政府投票的人。

　　本书无意分析某个特定政府的好坏，而是希望改变这种文化。这样做的原因只有一个：如果我们无法清楚地分析积极和消极的方面，就不可能建设好我们的国家。请读者假想这样一种情况：把一个不那么激进的基什内尔主义者放在一个同样不那么激进的反基什内尔主义者身边，过不了多久您就会发现他们事实上在许多事情上都持相同观点，尽管他们绝不会承认，或说不会在内心深处承认。

　　您曾经上过足球场吗？这个问题其实无关紧要。只要知道怎么看足球比赛就够了，或者登录 YouTube

看看塔诺·帕斯曼①的视频也行。在看足球比赛时，我们总会时时站起来大喊大叫挥舞手臂，喊着"犯规了""点球""给牌啊"。除非是大比分领先，其他时候我们总想让球员和裁判表现得更好些，希望判罚能更加"公正"（请好好理解"判罚"在这里的意思——就是"多偏袒我们一些"）。裁判除非做出明显偏袒我方的判罚，否则很难赢得我们的欢呼声。一切我们反感对方球队做的事情——犯规、小动作、假摔，我们却支持己方队员这么干。我们都是狂热分子，或者说，我们都是最糟糕的法官。但是，当然了，那只是场游戏罢了。但是在足球领域成百万上千万地烧钱也是事实，只不过它赌上的不是一个国家的命运而已。有时，我们会觉得国家的发展状况就像是场足球比赛，我们总心惊胆战：自己攻击性太强，但却不注重防守，很可能最终会输掉这场比赛。

请不要把这些文字当作是对足球的批判。文化常常会创造出一些仪式空间来供我们进行某些活动，这些活动在脱离特定环境之后就变得有害。在足球这一

---

① 塔诺·帕斯曼（Tano Pasman）系阿根廷普通球迷，因家人将其观看足球比赛时激烈的反应拍成视频上传网络而走红。

游戏空间里，我们不那么客观是可以理解甚至是有积极意义的。**真正严重的问题是，我们以看球的心态去审视和分析阿根廷。**

在我和年幼的孩子们的一场愉快对话中，曾经浮现出一个关键性问题。我爱人给儿子解释女性在某些社会中遭受压迫的状况。在听说如此多的不公和禁忌之后，他惊呆了，问道："为什么她们愿意忍受呢？"可能有学科能回答这个问题。当然具体的科学知识对此无能为力。要是我们把奴隶制带来的压迫和羞辱罗列出来，类似于我儿子提出的那个问题同样会冒出来：为什么那些奴隶愿意忍受那一切呢？同样，这些疑问也可以被扩大到殖民者和被殖民者的关系上。

据现有的社会科学理论，有一个答案可以回答所有类似疑惑：被掌控者只要相信掌控者在某方面高人一等，就会甘愿"忍受"屈辱，而非反抗。然而，如果是社会和文化方面的问题，每个问题可以有多种恰当答案，同一问题甚至没有统一答案。如果说关于奴隶制问题的答案能被所有人接受，我儿子提出的那个根深蒂固的性别不公问题的答案就没有那么宽的接受度了。类似地，时至今日，依然有许多人认为关于殖民的问题是在吹毛求疵，因为野蛮人就理应高高兴兴地被改造成文明人，这样，他们至少能成为文明的野蛮人，但很遗憾这样的"成果"并不多见。

但是，每个社会都会出现一些问题，削弱本就脆弱的共识。在新自由主义民主社会里，这样的问题是：如果说每个公民的意见都和其他人的观点同样重要，为什么贫富差距还会持续扩大？换句话说，在一个民主社会，怎么可能一方面食物过剩，另一方面又出现贫困呢？

没人会试图用数学或自然科学的方法来回答这样的问题，除非是妄图用达尔文主义来理解社会、推崇自然选择的老古董。在上述例子中，问题的答案掺杂了社会科学最复杂的内容：权力及其运转方式。如果对某个特定社会的某些少数人群或团体掌握的权力没有一定认识，就无法解释特诺奇蒂特兰城的陷落、性别不公问题或贫困问题。戳穿那些**神话**①是引导社会和文化发生变革的必要条件。

我们先必须处理那些与社会形成相关的神话。在

---

① 本书中的"神话"一词大多为"流传极广的虚假说法"之意，与学术领域传统的"神话"概念不同。

没有建立起独特身份之前，一个国家是无法发展和成长的，也必然无法深刻认识社会正义的内涵。也就是人们常说的：**没有记忆就没有未来**。我想通过本书指出：如果我们不先搞清楚自己到底是谁，就无法赢得更平等、更自由的未来。其中包括：这些参与国家决策的人到底是谁，阿根廷人到底是谁，阿根廷的居民到底是些什么人？

"我们是谁？"常有人喜欢用描述音乐、食物、神灵或英雄的话来回答这个问题，但这样的回答显得很空洞。我们先要解释清楚为什么我们总是不像自己认为的那种人。这得推翻一些我们对自己的错误看法。我希望借助社会科学研究来揭露被谬论掩盖许久的事实，如果无路可走，我可能还会采用某种意识形态化的方式来完成这个目标。我明白，一定会有人对我提到的"谬论"一词心生不满，因为他们认为那些谬论就是真相。围绕"真相"问题，社会科学诸多理论已经进行过多番论战，不过有些情况是明白无误的：阿根廷绝不是世界上最糟糕的国家，当然也不是最好的国家，也不是没有印第安人和种族主义的国家。支持这些谬论的人有人在，这些说法被不断重提且愈演愈烈。但它们是错误的。有时，这些论断的反过来说倒是正确的：譬如阿根廷存在种族主义问题。不过有时候，事情要比把话反过来说更加复杂。

我选择了七十多个类似的"神话"来和大家讨论。并非只有这么多，而是我只能选择一部分，想到大约五十个观点后我就迫切想要和大家分享。（由于认为阅读此书可能会让读者产生同样的需求，我们特意设计了一个网站，每一个想到类似 阿根廷"神话"的朋友都可以把它记录到这个网站上：www.mitomanias.com.ar）。

那么，**这些"神话"的选择标准是什么呢**？我主要划为三类：第一类应该是那些我们在过去或当下每天都能听到的说法。第二类必须有众所周知的重要含义，比如危急时刻而说的口头禅。这两类神话不见得一定人尽皆知，但一定在文化领域占据重要地位。第三类是那些单纯被有权势的人士提出来的想法，他们的话分量重，值得被记录下来，这与它有多少支持者无关。本书只是想把那些大众信仰与社会科学的某些内容及其他有价值的问题联系起来，如果您希望读到的是一部与每个神话的首创者、出现频率或来源相关的学术著作，那么现在就可以合上这本书了。而且，我还想尽可能地把这本书写得有趣一些。

这些我们创造的关于自己的神话，是必须面对且对抗的灾难。**阿根廷文化就建立在这些谎言之上**，它们也是我们政治文化的根基之一。与这些根深蒂固的神话相对立的，不仅有数据和事实，也有道德、思想和逻辑上的立场。为了构建起另一种（健康的）政治文化，我们必须对这些神话进行解码。

我们心系祖国，但必须抛弃对国家的悲观态度。我们尝试问自己，到底怎样的道路才能使所有阿根廷人摆脱困境，想到了多种答案，它们之间有的是冲突关系；有的不那么对立，比如公共教育、公平、制度、人权、科技革新。可所有这些道路都无法避开一个根本性问题：如果说一个国家连自己是谁都还没有搞清楚，或者它对自己只抱有一种模糊的印象，又怎么可能知道自己想要变成什么样子呢？

阿根廷在这方面的问题异常尖锐：我们拥有的这个国家和我们**自认为**拥有的那种国家天差地别。这不仅与我们对大国地位的着迷有关，也与对衰落形象的过分夸大有关，后者的程度更甚。这些形象构成了诸多障碍，阻碍我们认清真实的自我。阿根廷两百年的历史应该找到现实主义式的平衡点，也要求我们对失败的原因进行反思，并思考设计未来发展方案的经济、文化资源到底有哪些。

一些事实很有说服力：在拉丁美洲（或在其他地区），阿根廷的典型形象是高傲、卖弄。我们不应将之简单理解为对自己国家的偏见，实际上这只是把我们给其他国家和群体下定义的经典方式用到自己身上罢了——人们总是爱选取某些人群的特点，推而广之、以偏概全，认定为一个国家的特点。不过，现在，请允许我指出这种歪曲事实的做法也有其合理之处：阿根廷精英们曾**试图通过创造一种高傲神话来建设这个国家**，可能我们的同胞把这种姿态带到了海外。要想用阿根廷拼图来拼出另一种国家形象的话，"拉丁美洲的欧洲飞地""阿根廷人都是乘船而来的移民的子孙""阿根廷是世界粮仓"……这些类似的"强大的阿根廷神话"必须被戳穿。

从那些畸形的幻想中生出了一个让人恼火的问题，它涉及我们"应该变成什么样子"和"如今是什么样子"，这个问题长久困扰着我们。我们仿佛命中注定要成为欧洲式的国家：当然不是变成如今的希腊及其周边地区，也不能变成危机时代的西班牙或巴黎郊区的边缘化社区。欧洲地区的形象是人们借由某些零散信息炮制出来的。因此，人们认为阿根廷就是要变成巴黎市中心的样子。这可能也是巴黎其他城区和法国其他城市的梦想，甚至有些欧洲国家也有同样空虚又虚荣的愿望。虽然我们存有这种过分的幻想，但走过的政治道路却总是与其相去甚远。随着时间的推移，人们愈发相信阿根廷人有一种伟大的天命，只不过还没能实现罢了，每过一个 10 年，我们就离那种幻想更远了一些。这种失败的诱因要么神秘莫测，要么就该归罪到这些或那些人头上。

想要搞清楚我们的本质、寻求失败原因的执念，就源于此。那种执念驱使我们发现，在我们国家发展最迅猛的事业竟然是"编织神话"，那些神话与我们的自然本质、DNA、天生特点有关：我们就应该是欧洲人、天才、冠军、腐败分子、懦夫、受害者诸如此类，无穷无尽。整个国家的人都在不断地自我羞辱，但同时也在不断追求强国梦或强国执念。每个神话都可能会给我们下不同的定义，但有一点是相同的：我们的本质是好的，但又是不幸的——这是我们的宿命。我们唯能做的，就是发现自己的本质究竟如何，这样才能对这一切悲惨命运、对无可避免的现实有清醒认识，然后在这里继续生活下去。如果真有人能改变这一切，那么毫无疑问，他配得上"拯救者"的称号。

正因如此，大部头著作层出不穷，专门探析那些胡言乱语之辞，例如解释我们的基因问题或民族性分裂问题。于是许多神话开始流行起来，那些精装书被摆放在书架上，挨着许多关于社会、政治、历史、文化形势的大作。可能出于偏见，这些著作的声音不总是能被人听见，哪怕被听到了，也和社会上流行的信仰差异不大，更谈不上融入人们的日常生活和文化生活了，而这些生活模式是一个国家通过教育、媒体、政治、司法、社会组织和国家行为塑造而成的。

全民性的自我羞辱书籍滋养了建立在一些无知观点基础上的地方主义神话：阿根廷是这个星球上最糟糕的国家，或者至少在那些值得拿来对比的国家中，阿根廷是最差劲的；阿根廷的一切都今不如昔。这些关于国家本质的断言造成了一种独特的文化现象：人们撰写、阅读成千上万页的文字，试图搞明白我们为什么注定要失败。乍看上去，这是世界主义的、现代的、自我批评式的、反民族主义的论断，但因为来自一种经典的阿根廷式思想——既然我们不是最好的国家（这一点显而易见），那么我们就是最差的那个（这个结论错误又荒唐），所以，它们实际上造成了另一种形式的文化民族主义。这些压根就不是与其他社会对比之后得出的结论，而是源自对周边国家愚蠢的无知。它们也根本就不"现代"，只不过是人类历史上各种颓废主义的变体罢了。

不过，提出身份问题是合情合理的。事实上，搞清楚自己到底是谁，是阿根廷畅想和规划未来道路的必要前提。但是，这个问题没有唯一答案，也没有简单答案。这本书会提到一些数据、一些解读，能够做到这一点，我必须感谢那些流传不广的研究著作——我之所以能提出一些新问题，是它们提供了支持。我希望通过这本书引发讨论，而非终结争论。我希望从既有信息出发——忽略它们意味着对我们国家的多样性和复杂性视而不见。

为了说而说

神话的某些运作方式与俗语很相似。一般来说，几乎每个概念都有俗语与之对应，有时候它们甚至互相矛盾，例如"好事成'三'"和"三击出局"，或"早起天也不会早亮"和"早起者天助之"，它们始终共存；尽管互相矛盾，但是这些话很通用，同一个人可以无差别地使用它们。所以，如今重要的已经不再是话的内容，而是说话本身。为什么呢？因为炮制神话可以让人心生喜悦：提出某种让人无可反驳的"真相"，这种行为本身就能让许多人找到乐趣。严格说来，这种喜悦并非因为话语的无可辩驳性，而是在我们的文化里，直接戳穿一个神话会被认为缺乏教养。人们认为，在出租车里、在银行排队时、在挤满人的车厢里、在周日饭后小憩时等场合"戳穿神话"压根没什么意义。在分享神话时，或者参与到一场主题全是神话的谈话中时，你可能会产生一种归属感，进而感到满足，你心照不宣地领悟某人眨眼或微笑之类的信号，在繁忙紧张的城市日常中得以片刻喘息。

就这样，这个充满政治激情、意识形态狂热的社会中出现了关于右翼和左翼、宗教和世俗的种种神话。哪怕某些争论冷却下来，关于不同人群的神话也不会被改写，人们不理会这些神话的来源和作用，一股脑地接受它们。

　　这是为什么呢？因为那些神话所扮演的已经不再是最初的角色了。我们经常能听到人们说政治家永远都无法达成一致，当某项规定要被强行颁布时，这种说法似乎更得到验证。政治家们翻脸时会宣布诸多协议无效，好像它们一直以来就是非法的。现在已经没人相信政治家们理应"出于原则考虑"互相谅解了，也没人相信所有的政治协议都是假的。更多的人会随意表达这两种观点，也会说出其他无数种类似看法，为的就是证明所有政治家都很愚蠢，进而觉得自己的话语是无可争辩的，他们享受这种感觉。如果有人胆敢和他们争论，他们还会说：咱们走着瞧，看看你是怎么被打脸的吧。就这样，阿根廷人的迷思又一次展现了它的威力。

　　我们理应与之争论。他从自我中心主义出发，说一些看上去无可辩驳的话，可只要用略带批判性的目光加以审视，就会发现那些是些彻头彻尾的胡言乱语。如果那些只爱听自己说话的人权力很大，有很多传播力强的发声渠道或是拥趸众多，那就更有害了。有件事必须讲清楚：哪怕是不拥有这一切的普通人，他们给自己的定位也值得怀疑。对极端声音进行攻击是文化讨论的必要组成部分，这种与阿根廷社会的信仰和价值相关的讨论应该以数据和论据为依托，而非建立在空洞的口号之上。如果神话的炮制者握有权力，能够不断说出那些高傲自大的话，那我们的任务就将更加艰巨。因为，信仰的冲突也是一种权力的斗争。

几十年前，人们提到意识形态斗争时会争论具体的内容。关于自由是否高于一切或者平等是否至少应当同自由一样重要的争论是很好的例子。这些讨论聚焦的内容都很重要，但如果想要深入展开这些议题我们就必须先解决方法问题。我们不能从"神话"的角度出发来讨论它们，也不能靠俗语或空洞的套话来讨论这些人类所必需的价值的重要性。我们首先要做的就是分析它们，把它们视作必须被拆除的定时炸弹，是此刻必须要完成的任务。

可以仿写一下阿塔瓦尔帕·尤班基的话："神话是我们的，小牛是他们的。"[1] 这位歌手原话中的"悲伤"一词肯定与某个更有权势的他者有关。可是和神话一样，悲伤也是我们的，因为它笼罩着我们的生活。讲

---

[1] 阿塔瓦尔帕·尤班基（Atahualpa Yupanqui, 1908—1992）阿根廷音乐家、歌手、作家。他的原话是"悲伤是我们的，小牛是他们的"，句中的"我们"指贫穷的放牛人、赶脚人，"小牛是他们的"指牛群属于有权势者。

述神话的那些人既不是坏蛋也不是混蛋，尽管这两种
人在阿根廷从来都不少。神话是我们的，因为我们所
有人都在说神话，我们信仰神话，我们在为了说而说。

　　我确信某些我们不应放弃的道德价值存在着。而
我们不能只靠信息去捍卫它们。在本书接下来的内容
中，您会发现我们必须把道路理清，而做到这一点则
必须钻进阿根廷的神话丛林中挥刀砍伐，这样才能开
出条小路来。在这趟旅程中，我们不寄望于把所有的
船只都停靠进同一个港口；甚至可能有人会问终点或
简单的中途停靠站是否存在。我们必须让船挣脱神话
绳索的束缚，与此同时，我们要清醒地认识到也许我
们不能戳穿任何神话、击碎任何信仰，但至少能在未
来与它们打交道时保持反思的态度。一艘船应该对其
船舱里装载了多少沉重的金属了如指掌。

关于神话

　　如果您想直接进入主题，带着您自己的神话名录
去检验我罗列的阿根廷神话，那么可以翻到目录相应
的页码阅读。出自专业性的"恶习"，我还需要做一些

解释。如今，关于神话，学术界已发展出了许多不同的定义。有的认为，神话是某个特定族群通过神奇的故事对世界的运转机制或社会、制度、物体的起源进行解释。有的强调神话有歪曲事实的特点：流行的故事是对特定事实的篡改。还有的指出了神话学的驱动性和质询性，认为它具有创造性功能。在这本书里，一方面，我把神话当成对现实的一种解读方式（这也是很流行的看法）；另一方面，我认为它是虚假的，同时也认同它有怂恿人们行动的作用。如果一个社会或其中掌权的团体坚持妄图生活在国家神话的牢笼之中，我们没有任何理由姑息。

这倒不是因为我们可以"脱离神话"或带着"科学的意识形态"去生活。这些说法可能是强有力的政治手段的产物或是某种文化创造物。数十年来，我们社会中盛行的神秘化之风已经粗暴地操控了许多真实信息，生成了许多错误解释，进而又刺激了我们在经济、制度、公民生活、政治方面的实践活动。因此，寻找并理解阿根廷的种种神话是当务之急。我撰写此书的意图是将这些神话系统化并逐一讨论，这份神话名录在今后也许会变得更长。罗列之后，我们必须戳穿其中一些神话，只有这样才能为阿根廷畅想更多的未来发展之路。

社会经验沉淀于大众的感觉之中，聚积在成千上万大大小小的神话之内，很多时候这些神话又成为文化的藩篱，阻碍了社会变革的进程。通过描写其中最重要的部分神话，这本书希冀推动针对"我们是谁""我们应该如何发展"等问题的讨论。

想象这样一个人——他很喜欢踢足球，但是却在踢球方面没什么天赋。如果他依然想踢球，应该怎么做呢？答案显而易见，他不应该妄图炫技，做那些复杂的高难度动作，如若不然，肯定会闹出笑话来。他应该对自己的能力上限有清醒的认识，因为他的情况别人也一样能够洞悉，他应当根据自己的实力做好自己的分内工作。我们再想象一下，希望以最佳面貌出席宴会的女人或男人。他们在选择服装、配饰和妆容时也该有个限度，如果低于限度太多，就无法完全展示自己，如果超出太多，事情就会变得滑稽。

如果说一个国家每天都在参与国际事务或国际"游戏"，为什么它会以如此非同寻常的方式发展呢？我很清楚，近些年来国际舆论被利用来论证阿根廷已经适应了新自由主义和华盛顿共识。但事情的关键，不应该是这个或那个世界大国想让我们怎么做，因为那只符合他们的利益，而不符合我们的。我们不仅得搞清楚自己的利益到底是什么，也得弄明白自己的能力和上限是怎样的。我希望，通过这本书促使人们开始正确区分麦子和麦秆（例如华盛顿共识），了解我们到底是怎样的——这种认识应该不多也不少。我们不甘落后，但也不要成为别人的笑柄。

建立起一套不同于大众关注焦点的逻辑体系是阿根廷面临的重大挑战之一。我们需要新的论辩方式，这当然不是说要舍弃体育场看台上的球迷或是举着旗子游行的示威者，而是要明白我们不能只靠仪式、谎言和神话来赢得选举、推行政策。同时也要清楚，反对那些与我们历史上的伟大人物和英雄相关的大众传说，就等于反对人需要空气来呼吸。群体性激情是构建民主社会的必要部分，没有哪个社会能够离开类似的虚构故事而存在。

因此这本书的内容朝着另一个方向发展，利用社会研究得来的论据来攻击某些对我们的社会伤害极大的信仰。如果读者对我在本书所持的立场抱有异议，也可以采用类似的研究方式搜集论据，加以反驳。

我们阿根廷人为何会经历曾经的这一切？在这方面，人们已经提出了许多理论，包括经济理论、政治理论等等。我不想在这本书里提出另一种理论，不过会提出另一个焦点，我希望从文化的视角出发来审视我们的信仰。这些信仰涉及人口问题、土地问题、经济问题和政治问题。我们对这些虚假信仰进行批判依赖的是社会科学的研究成果。除了"为生产体系增加知识"以刺激出口之外，我们也同意为大众舆论和政治论战"增加知识"是必不可少的工作，那么就需要进行更多的社会科学研究。因此，读者们会在这本书里听到各种声音，读到与阿根廷相关的各种历史学、社会学或人类学研究成果，更多作者能够并应当加入这项事业中来。

本书提及的大部分神话出现的时间有数十年之久了，从文化史的角度来看，它们的传播范围很广。有些神话在当今社会具有很大的影响力，有的则流行于20世纪90年代，有的还在等待流行的时机。在所有的政治背景中，它们都显得十分重要，它们早在基什内尔主义出现之前很久就存在了，甚至比梅内姆主义还要早。很多时候，那些政治现象是通过这些错误信仰传播开来的。在阿根廷就这一主题写书并非易事，因为人们总喜欢把下面这个问题抛给你："非常好，但是您到底支持哪一派呢？"如果一个人想要更多的民主、平等和公平，他就应该支持所有有助于实现这一目标的政策，同时反对一切会阻碍这一目标实现的方针，可是你很难让他们明白这个道理。我们曾参与过多少场耳聋式的谈话呢？在经历过如此多的沮丧之后，我们的听觉已经拒绝在酒吧里发挥作用了（有谁没在咖啡馆里听到过某个参与谈话的人毫无难度地抛出表达反对意见的神话呢？），我们把赌注押在一本书上，也就是说押到了读者的反思性目光上面。在出租车上，在人群中，话语会随风消散，但是"书籍"不同，它允许读者做出"fast forward y rewind"（"快进与倒带"）的动作，换句话说，读者可以在想重新审视某些东西时向前或向后翻动书页，因为被印刷出来的字母要么在这里，要么就在那里，它们已经为读者的探索行动做好了准备，也为促成争论或是自己变成被议论的对象做好了准备。

1

爱国神话

我们的高傲举世闻名，我们发明了许多嘲笑加利西亚人[①]的笑话，但其实可以在此罗列出更多关于阿根廷的笑话，而且是在全世界广为流传的。不过，在这里我不会把它们讲出来，因为我的大多数朋友肯定不喜欢我这么做。但必须指明我们经常因为卖弄学识而遭到嘲笑或被人厌恶，尽管实际上并不是所有阿根廷人都这样处世。有些阿根廷人是很谦逊的，也有的"随便别人怎么想"：更多的悲伤属于前者，更多的小牛归于自负者。很可能走出国门的阿根廷人中，后者要多于前者，或者说后者更引人注意，又或者原因很简单：只有那些确实表现高傲的阿根廷人才被视为我们国家民族性的真正代表，而其他的阿根廷人只是"例外"罢了。说实话，许多外国人真正踏上阿根廷的土地之后，那种固有思维就自然瓦解了。

[①] 加利西亚人指生活在西班牙西北部加利西亚自治区的人，在阿根廷的外来移民中，来自加利西亚地区的人为数众多。

事实上，在阿根廷的成长过程中，它一直认为自己和它的邻居们不一样，或者说有一种优越感。**阿根廷自认是欧洲的一部分，只是位于错误的地区**，我们很容易让自己相信欠发达状态只存在于我们的国境线以外，虽然这种想法在多年之前就开始陷入危机，但它揭示了一个让人惊讶的、持久不变的问题。如果我们认为"我们注定要取得成功"，那么只要我们没能赢得世界杯或其他体育项目的冠军，或每当我们没能在某个主题的榜单上名列第一，就会出现两种声音。第一种声音会与那种高傲有关，它强调这是跟阿根廷人对着干的人搞出来的不公平阴谋，认为裁判做出了不利于我们的判罚。另一种声音认为我们不是最好的国家，原因很简单，因为我们是最糟糕的国家，我会在下一章中讨论。

第一种观点，涉及从跨文化背景中生出的误解。通常来说，和我们邻国的居民相比，阿根廷人说话的声音更大，也更有力；我们没那么在意身份问题，为了维护自己的权益甚至会跟空姐大呼小叫，只要感觉受到了不公对待，我们在任何情况下都不惧怕与他人产生冲突，无论这种行为合理与否。阿根廷人的那种根深蒂固的习惯很多时候会被认为是高傲的表现，于是人们会愤怒地想："他们以为自己是谁啊？"

除了外界的看法之外，我们认为还必须自问，我们的文化和信仰中到底有什么东西在滋养着那种共有情绪。这些信仰的起源，与民族概念的启蒙、想象与发展密不可分。实际上，在19世纪后半叶，我们的前辈建国者们把阿根廷设想成欧洲在拉丁美洲的飞地。也就是说，阿根廷在文化、人口和发展可能性等方面都可与大西洋对岸的国家相提并论（当然了，我指的不是非洲，而是非洲以北的那些国家）。因此，阿根廷才与巴西、玻利维亚或巴拉圭等邻国截然不同（也因此在与国家相关的叙事中也要表现得与它们不同）。认为阿根廷人全都高傲，是一种刻板印象，可是这种对拉丁美洲其他国家大为不屑的观念的确在我们的文化中存在和发展过。

有一些爱国主义神话历史悠久、强劲有力，我们需要以揭露式的目光审视它们，我们要回溯，重新认识那些在无意间将我们和更接近我们真实面貌的其他面孔割裂开来的行为。

阿根廷是欧洲国家?

> 移民、公立教育、工业化和社会一体化进程使阿根廷取得了高于邻国的发展水平?

也许这是流传于阿根廷所有神话的母神话。它首先是个预言。19世纪中叶,阿根廷的多位总统及众多知识分子梦想利用移民来开拓荒芜的土地。根据他们的设想,移民应该来自欧洲最发达的那些国家。可是从西班牙和意大利落后地区来的移民却让他们失望了,这些移民还加剧了社会及政治冲突问题。不过,移民潮结束后,当内陆地区的人——被蔑称为"小黑头"——开始移居到城市之后,那些"为了阿根廷的发展送孩子们上学""勤劳"的欧洲移民的形象就开始被理想化了。

在我们的民族假想中,移民思想以含混的方式和阿根廷取得的伟大成就联系到了一起:先进的公立教育、先人一步的大学改革、工业发展和20世纪中叶颁布的那些重要的社会法规。总体来看,人们在分析这些成就时并没有考虑到所有应当被考虑在内的细节问题,换句话说,我们应该注意到不同时期的不同真实进程，挑明在制度和民主问题上时常遇见的那些困难，还要考虑到阿根廷内部不同地区之间持久存在的巨大的贫富不均问题。那个高傲的神话垄断了与之相关的发声权，阿根廷因而被认为是一个非凡的国家，这种想法又进一步巩固了阿根廷自认趋近欧洲的思想。

在那个神话的发展过程中隐含着三个问题。一是将阿根廷理想化的问题（无论过去还是现在）。二是作为结果，人们对真实存在的问题采取了无视态度，这种情况同样既发生在过去，也延续到现在。三是把"欧洲"作为楷模，这也许是最重要的问题。那股高傲情绪甚至在国力衰退的现实面前受挫时也依然存在，人们觉得问题的根源是：我们不再是以前的自己了，我们不再是欧洲人了。必须强调的是：如果争论仅停留在我们还是不是欧洲人上面，那么实际上争论的出发点依然是：欧洲人理应是我们的模板。

可是被我们理想化的那个欧洲到底在哪儿呢？它存在于过去？如今还存在吗？实际上，19 世纪的移民并非来自英国或法国这些工业国，而是来自南欧落后地区，这令国人感到失落，因为旧大陆本来就不是同一的整体。彼时阿根廷人口中的欧洲不是加利西亚或那不勒斯，而是伦敦、曼彻斯特或巴黎。可只要观察一下大多数**真实**工人的**真实**生活，就能明白，旧大陆上那些所谓的"理想"社会远非那样迷人。19世纪末、20世纪初，旧大陆爆发众多大规模工人运动也并非偶然。

同样的道理也可以放到今天。如今理想化的欧洲不是希腊或葡萄牙，甚至也不是西班牙。作为完美之地、征途终点的"欧洲"在日益缩小。当然了，实际上随便把哪个国家历史上最好的二十年挑出来，都能成为供许多社会效仿的良好模板。但只要秉持批判的目光，就会明白这种做法是不可取的。

问题的本源就在于我们需要到外部去寻找那样一个模板。去观察其他国家，然后受到驱动，想要在某些方面取得和它们一样的成就，这种想法本身没什么错，拒绝这样做意味着另一种形式的高傲。可如果说我们要学习其他国家，而那份名单上却没有巴西、乌拉圭、中国等，事情就变得可疑起来了。从"我们是欧洲国家"的神话中走出来（或者从因为我们不是欧洲国家而痛苦遗憾的情绪中走出来，这其实是一回事）

是我们必须要迈出的一步，只有这样我们才能从另一个视角出发，去思考我们在世界上的位置。

国家的概念建立于国土之上？

> 阿根廷民族性的基础是国土，就像我们在学生地图上看到的那样：我们是"阿根廷"这片土地的主人，围绕在我们周围的只是些无差别的灰色土地。

很多时候，个体通过他所属的城市或国家的图像来想象自己在世界上所处的位置。在这些图像形成和传播的过程中，学校教育起到了根本性作用。实际上，我们阿根廷人对于国土的概念很大程度上来自在学校里学到的知识。例如，我们很难不去想我们的国家是摊平的配灌肠牛排的形状。我敢大胆揣测，我们这些阿根廷人对祖国领土的认识来自小学三年级或五年级时学习的地图。在那些地图里，尤其是政治势力图，阿根廷被涂成了白色，国内不同省份被标注了出来，海洋是蓝色的，而其他所有国家，包括我们的所有邻国，全都是灰色的，可实际上它们是截然不同的国家，拥有各自的名字。学校那些地图的下方右侧总会有一块方格，里面的图像旁标注的是"南极洲阿根廷领土"，而非"阿根廷声明的属于它的南极洲土地"。可根据我们了解，智利学校里的地图上也有一块显眼的土地，在我们看来是"南极洲阿根廷领土"，可是智利人认为那是属于他们的领土。我们所有人都知道不应该用"属于"这种表述，因为并没有签订公认的国际协约，但依然印刷那种地图，再把它们分发到数百万阿根廷人手中。曾经，我们一直坚信那片土地就是"属于"阿根廷的，直到如今发现，哪怕阿根廷再三强调，也并不真正拥有它们。

还有另一些国土地图在流通，在我们对阿根廷国土认识的形成过程中也起到了重要作用。在媒体中频繁出现的国土地图，被从大陆背景中剥离了出来，曾让我产生过极大困惑。在很长一段时间里，我都认为火地岛的形状是直角三角形。如果我指的是我们的火地岛省的形状，那是正确的，可是真正完整的火地岛并非如此，它有一半属于智利，由于受到阿根廷地图的影响，属于智利的火地岛部分似乎从我们对土地的认识中蒸发了。真正的火地岛的形状更像是个等边三角形；由于我们把它从中间切开了，因此看上去成了个直角，但那实际上是领土分界线，而非自然分界线。

我们自然可以说这不是什么国土神话，只是对学校教授的知识的单纯误解。如果真是这样，我建议咱们在地图上找到图尔维奥河，再找找看河流四周有没有标注着"沿某某方向，智利距此 30 公里"或"沿某某方向，纳塔莱斯港距此 30 公里"的文字。这些文字并不存在，因为地图让我们毫不考虑邻居们的情况，以另一种方式对这些邻居们视而不见。不过这也不是阿根廷人的独创。我们山脉另一侧的邻居们也面临着同样的问题。加上标注，改变地图，都是戳穿这一神话的方法。

在阿根廷，官方历史在确定民族归属感的根基到底是什么的问题上面临着诸多困难：类似同样的语言或宗教之类的标准过于脆弱，于是它最终选择了国土这一标准。就像路易斯·阿尔贝托·罗梅罗①在《学校中的阿根廷》一书中指出的："普遍意义上的阿根廷到底是怎样的？首先，它的独特形象是由学校学习经历

---

① 路易斯·阿尔贝托·罗梅罗（Luis Alberto Romero，1944— ），阿根廷历史学家。

造就的：一张地图，国境线被清晰地标出，这意味着一部分土地的边界是固定下来的，就像是金科玉律一般。"他在后面又写道："一种顺理成章的想法认为，阿根廷的民族性就生自国土，土地成了凌驾于一切之上的东西。从某种感觉上来说，它好像早在西班牙人到来之前就已经被划定了似的，它把阿根廷土著人和巴拉圭人、玻利维亚人或智利人区分开来，似乎我们与他们是截然不同的。"

阿根廷该占有拉普拉塔总督区的土地

拉普拉塔总督区包括今巴拉圭、乌拉圭和玻利维亚的一部分，人们认为这些土地自然该归阿根廷所有。失去这些土地意味着一场灾难，它是我们衰落史的一个章节。

如果有人仔细看当下的南美洲——且不称之为拉丁美洲——地图，肯定会惊讶于从两个殖民强国（西班牙和葡萄牙）手中竟然能诞生出 10 个国家来。传统的解释特别将之归因于三个总督区或殖民统治机构的存在，认为它们为独立事业提供了结构基础。可实际上，其他历史现象使得当时的局势复杂得多，在1810年 ① 后立即引发了该地区的离心式进程。亚松森（今巴拉圭首都）的迅速自治，与"东岸" ② 之间存在的紧张关系，从民族主义历史学和地理学的角度来看，针对智利的不同看法被看作是最终目标道路完成上的阻碍。那一最终目标，就是让阿根廷的国土面积和拉普拉塔总督区一样大，在这一设想中，阿根廷的国境线甚至会蔓延到上秘鲁地区。实际上，有时靠地缘政治学理念支撑的目的论观点——认为存在着一个最终目标——其根基只是由若干民族主义者炮制出的一种推论罢了。拉普拉塔总督区中，那些城市的建立时间只比五月革命爆发早了三十几年，它们本就不是要被用来组成某个国家的。1810 年时，没有任何一种民族情绪能够把它们联合起来（基亚拉蒙特在《城市，省份，联邦》一书中也是这样认为的），相反，从结果上来看，将之联合成国家的举动很多时候带来的都是创伤，于是那里的人们说生出了另一种归属感，他们认为自己不是美洲人，或者不是严格意义上的当地人。

---

① 拉丁美洲独立战争大规模爆发的年份。

② 乌拉圭在殖民时期被称作"东岸"。

后来，作为"未抵达的终点"的总督区神话造成了诸多伤害：一是人们的国家观念中带着股沮丧的情绪，而且很不完整；二是我们对邻居们表现出的轻蔑态度可能会在未来加剧双方的紧张关系；三是时至今日，那个神话已经不如往日般强大，它曾经一直被和阿根廷想要独霸该地区的意图联系起来，不过最好还是挖个大坑将其彻底埋葬，总比任由它在恶劣气候中变质腐败来得更好。

我们对周边邻国的轻蔑态度，也脱胎自这一土地民族主义神话。

玻利维亚和巴拉圭是印第安国家

作为欧洲一部分的阿根廷被印第安国家环绕着，这些邻居代表落后和野蛮。

贝尔梅霍河、皮科马约河和巴拉那河两侧的居民种族及其文化具有相似性，尽管如此，阿根廷依然自认为是欧洲国家。要想顺理成章地成为欧洲的飞地，阿根廷需要把它的邻居们变成"其他类型的人"。为了在想象中更趋近白种人，阿根廷需要把在它国境线之外的那些国家印第安化或黑人化，把那些邻居变成印第安人的国家。实际上，阿根廷人口所属的种族要比那些所谓的"文明人"认为的更加多元化。不过，在阿根廷，"我们都是乘船而来的移民的子孙"这种看法甚嚣尘上，"白种人"和国内的印第安人或混血种人划清了界限。从公民身份的角度来看，阿根廷的国境线就只到没有"阿根廷人"居住的地方，所谓的"阿根廷人"只限于欧洲各民族之间的融合混血。就工业化程度或公民受教育程度来说，巴拉圭或玻利维亚处于相对"落后"的状态，这种状态被用来证明阿根廷是欧洲化的典范，却压根没对政治史因素加以反思（而这才是更关键的因素），例如，上秘鲁地区殖民者对矿产资源的开采以及三国同盟战争问题。

那些和"我们"不同的"真正的他者"，让人们更容易接受阿根廷是欧洲的一部分的说法。而且在把不同人种居住的地区从阿根廷的历史上排除之后，就更容易让人认为阿根廷国土曾经只是些"广袤的无主之地"。和许多阿根廷人抱有的对国家的错误想法一样，这种想法也有两面性。一方面，存在着一种如今已失去力量的民族主义情绪，它植根于对"真实的"总督区土地的追忆中，认为那些土地理应归属阿根廷。另一方面，存在着一种同样业已衰弱的官方历史，它想要遗忘人们从一片土地向另一片土地迁居的往事，或是坚称与移居相关的政令并不存在。然而，这两方面的因素依然会在我们理解和想象周边国家的过程中发挥巨大的影响，作为结果，它们也会影响我们找到"我们是谁""我们身处何地"等问题的答案。

巴西，一个充斥着黑人、沙滩和狂欢节的国家

> 巴西就是片迷人的沙滩，那里一整年都在举行狂欢节活动，到处都是穆拉托人[1]、节日和凯匹林纳鸡尾酒。谢谢[2]。

本书的许多读者肯定都在某个巴西海滩享受过生活，而其余的读者也肯定对那些满是异域风情和金黄沙粒的天堂有所耳闻。短短数年之前，巴西在阿根廷人的想象中还是一个充斥着海滩、聚会、狂欢节、黑

---

[1]　即黑白混血种人。

[2]　原文为葡萄牙语。

白混血种女人和黑白混血种男人（我得把他们也算上）的国家。直到 19 世纪 80 年代末，依然奉行奴隶制的巴西帝国并未以军事强国的形象深入人心，人们提到它时更多想到的是"黑人的国家"。巴西的这一形象和那些"印第安人的国家"一道强化了阿根廷自认是欧洲国家的幻想。

1921 年，巴西总统建议即将奔赴布宜诺斯艾利斯参赛的巴西国家足球队不要招纳黑白混血种人和黑人球员。那位总统希望以此"助力改善巴西球员的形象"，因为他们在五年前曾被阿根廷媒体嘲讽为"猴子军团"。他希望通过足球来戳穿巴西具有黑人特性的谎言。正如伊尔玛·马托斯的研究所指出的那样，这位总统带着种族主义偏见，认定"黑人的国家"是个问题，因而想通过足球来改变这一切。但是那种偏见根深蒂固，阿根廷对巴西所持的印象并未在那个时代发生改变。大约到了 20 世纪中叶，在两国边境处的一些城市，阿根廷人和巴西人建立起了一种很不对称的关系：前者大多是中等阶层白人，有教养，多经商；后者多是黑白混血种人，大多是干计件收费工作的劳工。

阿根廷在面对巴西时的优越感蔓延甚广，触及诸多社会领域。阿根廷人没有察觉巴西的复杂性，尽管有排外性等社会问题，巴西还是逐渐制定了工业化方针，逐步发展公立教育和国有企业。阿根廷在科尔多瓦制造飞机时，巴西政府曾提议由两国合作完成该任务。那个时期的阿根廷不仅高傲，还对两国之间可能出现的军事冲突有诸多假想。阿根廷的军事和外交精英们认定自己的国家有可能成为地区性霸主，因而需要抑制巴西的发展。因此，当时的阿根廷不无嘲笑地拒绝了巴西的提议：和巴西这样的"落后国家"一起制造飞机？开什么玩笑！

这边，阿根廷人的笑声还未停歇，那边，巴西自儒塞利诺·库比契克当政后就制定了行之有效的发展方针。与此同时，阿根廷却在推行发展政策和反复出现的危机之间摇摆不定。阿根廷做出的决定是建设雅西雷塔水电站，和巴西的伊泰普水电站计划相比，雅西雷塔水电站的发电量要小得多。20 世纪末，阿根廷放弃了飞机制造计划，而巴西却依靠巴西航空工业公司（EMBRAER）成了国际航空领域的一股重要势力，还成为阿根廷航空（Aerolíneas Argentinas）更换机型时的主要供货商。于是，阿根廷人笑不出来了。

如今，无论是在军事领域还是在边境城市社会关系方面，巴阿双方的角色都发生了倒置。无论是巴西石油（Petrobrás）与阿根廷 YPF 能源公司的较量，还是双方在其他领域的对比，孰优孰劣都显而易见。不过这并不意味着阿根廷人的欧洲情结被巴西海滩上的海水冲刷干净了。作为一个喜欢非黑即白看待问题的国家，巴西在我们心目中出现了两种截然不同的极端形象。一方面，认为它是个落后且排外的国家；另一方面，认为其借助成功的国家政策，它已经摇身一变成为重要的国际工业强国。

前一种形象单纯是个错误，是片面看待邻国的结果。只有那些在巴西海滩进进出出却连葡萄牙语的"你好"都不会说的人还固守那种偏见，不过这种人也并非少数。后一种形象有着坚实的事实依据，不过也只是部分真实。第一，阿根廷本就不该和一个人口四倍于自己、领土面积更是广阔得多的国家处处攀比。第二，哪怕是要进行比较，首先也应该明白巴西在经济、政治和制度方面的延续性很强，这为他们积淀了许多积极因素，当然也有一些消极因素，比如 19 世纪依然延续的奴隶制乏善可陈，军事独裁时期的档案长期被封禁，直到 2011 年才解封也是同一道理。哪怕是阿根廷在 20 世纪下半叶缺乏有效的国家政策的前提下，我们依然要对两国进行严格意义上的对比，我只能说，有时无条件地对巴西社会进行夸赞也不能帮助我们认清这样一个现实：阿根廷和巴西都要比我们想象的复杂得多。无论是夸赞还是批判，只有在帮助我们学到东西时才有意义，绝不能只被我们用来炮制神话。为了做到这一点，我们首先要摒弃一切打着爱国旗号的优越感幻想，也不能过分妄自菲薄，这两种态度在阿根廷都很常见，也都同样有害。

乌拉圭是阿根廷的一个省

乌拉圭是个平静的国度，乌拉圭人热情好客，那里的沙滩如此美丽，政府大楼如此矮小……乌拉圭是阿根廷最美丽的省份。

在阿根廷人总的印象中，乌拉圭的地位十分奇特。它不只是个容易被印第安化或黑人化的他者，在种族方面与我们的相似性使它成为某种易于被吞噬的"东西"，甚至被认为是我们的一个"省"，这也是其在漫长殖民时期的历史地位。从历史、语言、人种构成以及不得不提的"拉普拉塔文化"等角度看,"乌拉圭可以成为阿根廷的一个组成部分"的想法是对在法理和历史层面独立存在的他者的否定。这是喜欢将别人分门别类的母体理念在作祟,似乎他者都是由与我们对立的概念组成的,而阿根廷就是布宜诺斯艾利斯,在提及与阿根廷相关的事情时,我们秉持的还是总督区时的思想,上述对乌拉圭的独特想法也源于此。当然了,生活在拉普拉塔河两岸的人们在人员流通和思想交流上的成果不该被轻视,在其他相互作用力下产生的、被两岸人共享的事物也同样不该被轻视。不过,布宜诺斯艾利斯是多种民族文化交织的场地,而且以多种多样的极端形式表现出来,绝不仅限于"拉普拉塔文化"。近年来,乌拉圭和阿根廷两国的差异不仅体现在法律层面,也体现在文化层面,哪怕相对来说这些差异显得微不足道,我们也不应该视而不见。双方最明显的差异,存在于政治文化领域;在拉丁美洲的大背景下,乌拉圭的政治是渐进式的,在政治问题上各方也更愿意达成一致。

"乌拉圭是阿根廷的一个省"的概念源自殖民时期,它似乎想要抹去某些真实发生过的历史事件:从

阿蒂加斯 ① 时代起便出现的双边冲突；1826 年战争；20 世纪，双方的矛盾从足球领域一直蔓延到污染物排放问题。从文化的角度来看，蒙得维的亚人就和罗萨里奥人一样让布宜诺斯艾利斯人觉得亲近。可这并不意味着双方在法律、历史和文化层面上就不存在差异。

乌拉圭人和我们站到一起，或是我们站到乌拉圭人一边，这两种情况都是具有积极意义的。不过我觉得这样做的一个重要前提是认识到**乌拉圭和其他国家一样也是个独立的国家，而不是我们的附属品**。

在拉丁美洲那边……

> 无论是在里约热内卢、布宜诺斯艾利斯、蒙得维的亚还是智利的圣地亚哥，拉丁美洲永远都是位于国境之外的"另一边"的土地。

"拉丁美洲"是一个奇怪的概念。在阿根廷，你经

---

① 何塞·赫瓦西奥·阿蒂加斯（José Gervasio Artigas, 1764—1850），乌拉圭民族英雄、国父、独立运动领袖。

常能听到人们用第三人称来谈论拉丁美洲。发生在拉丁美洲的事情就是发生在"另外那边"的事情。让人吃惊的是，这个概念竟然在整个大陆流通开来了。巴西人在谈到拉丁美洲时，也认为那是片位于国境之外的土地，乌拉圭人的看法和巴西人很相似，智利人有的觉得拉丁美洲在安第斯山脉的另一侧，要么认为它在更北边的地方，墨西哥人认为拉丁美洲以危地马拉为开端。在政坛上，所谓的进步人士从不会犯类似错误，尤其是在谈及独立运动和独立两百周年之类的话题时更是如此。可在课堂上和新闻里——可能那些政治精英们出了什么问题，人们却默许那些与玻利瓦尔相关的高尚概念出现，尽管大街上的人们在想到自己的国家时并不觉得它是"拉丁美洲"的组成部分。

由此一来就出现了一种奇观：一方面，我们所有人都清楚"我们是谁"，了解我们遭受过的掠夺历史和经历过的独立运动，认同如此多的英雄人物的共同梦想，也愿意在需要我们接受那个概念的时候坦然接受它。可另一方面，在人们的日常话语中，在媒体的报道中，拉丁美洲却永远在"那边"，是与我们无关的概念。

拉丁美洲的兄弟情谊

> 我们都是兄弟，都是平等的国家，我们拥有相同
> 的历史，只不过在掌权者们的操控下，我们分开了。

关于兄弟情谊的神话，在政治上是正确的。它和上一个神话并存，不过在神话的世界里永远都不会缺少相互矛盾的概念。根据兄弟情谊神话的说法，我们所有人都曾有一个"共同的祖国"，它时常被用来和伊比利亚半岛相提并论。这个神话总会以某种血统为理论依据，以此论述某种不可破裂的同盟和各国共有的命运。所有这些都已经被证伪了，所谓的同盟和命运都是由政府和社会团体在他们需要时搞出来的东西，而且只在他们的行为成功的时候才会对其大肆宣传。他们的想法更多体现在话语上而非行动上，不过要想获得真正的群体认同就得先想清楚各方能够让步到怎样的地步。如果说亲属关系的比喻不可或缺，那么**比起兄弟情谊来，夫妻关系显然更贴切一些，因为它更强调选择性，而非天然性**。

制造拉丁美洲各民族之间具有兄弟情谊的神话可谓用心良苦，它曾被用以对抗分裂我们的民族主义情

绪，可最后却变成了一种真正的障碍。在我们希望和他人联系起来的时候，比起谈论没人记得的兄弟情谊来，更应该承认我们之间真实存在的问题，然后去思考如何去解决它们。如果不这样做，真正的联合就不会出现。缺了这一步，声称我们具有同样根源和命运的那些浮夸空话就毫无用处。我们的命运并未确定，相反，我们要去塑造它。

拉丁美洲就是马孔多

> 拉丁美洲是一片神奇而不合乎常理的大陆。在日常生活中，自然之物和魔幻之物混杂交错，任何难以解释的事情都可以在那里发生。

《百年孤独》是一部精彩绝伦的小说。可如果就此认为它是对拉丁美洲的完美比喻，就会犯和单纯从民俗视角或印第安视角出发审视拉丁美洲的同样错误。从积极的方面来看，这个神话帮助拉丁美洲重构了文化特殊性，许多蛮横的假想否定这一点。从消极的方面来看，同一神话又将那种特殊性视作这个大陆唯一真实的面貌，仿佛那种魔幻特性以不可置疑的方式囊括了这里的万事万物。如果拉丁美洲就是马孔多，其原因可能就隐藏在马里奥·巴尔加斯·略萨（Mario Vargas Llosa）于 2011 年在布宜诺斯艾利斯书展的演讲中：

> 正是在这种想法的作用下，在长达三个世纪的殖民时期里，所有小说类作品在西班牙在美洲的殖民地中都被禁止流通。在那 300 年间，虚构文学作品在美洲殖民地既不能被编辑出版，也不能从海外引进……这种封禁给拉丁美洲带来了既不幸又幸运的后果，之一就是：最擅长虚构的文学类型——小说——受到了限制，而我们人类无法离开想象而生活，作为补偿，我们把虚构浸透到了所有事物上：宗教自然包括在内，还包括世俗团体、法律、科学、哲学，当然还有政治。作为可预见的结果，时至今日我们拉丁美洲人依然极难分清何为虚构，何为现实。

这段表述其实是一种精彩的修辞策略。它把虚构描述成了某种可以让邪恶力量不得安宁的东西，而那种邪恶力量就是殖民统治。我们赢得了独立，但却未从殖民地化的荒诞影响中走出来：虚构浸透到了我们的政治生活中，我们在理解现实的过程中总是会遇到种种困难。

我无意以坚称拉丁美洲人的现实毫不魔幻来回应上述论述。不过还是想指出：以神话、叙事、虚构来解读现实是已知社会里的普遍行为，而非拉丁美洲人的独创。如果想证明巴尔加斯·略萨的假设与史实不符，只需要想想蒙特祖玛对科尔特斯抵达墨西哥的解读就够了[a]。对那些新近登陆之人所具有的神性的怀疑实际上只是在其他虚构事物的框架中进行思考的结果。人类学家已经证实，在其他背景下也会发生同样的事情；举个例子，夏威夷群岛的原住民也是用他们已有的神话体系来定义库克船长的。

不带偏见地进行观察，我们就能发现这并非古代社会的特点，这种特性可以帮助我们理解许多美国人是怎样解读伊拉克战争、阿富汗战争以及其他一些被他们用神话叙事加以修饰的战争，他们拍的相关电影

---

① 1519 年 11 月，西班牙殖民者埃尔南·科尔特斯带着一支约 400 人的远征军抵达墨西哥，对阿兹特克帝国发动侵略战争，阿兹特克国王蒙特祖玛被俘后惨遭杀害。科尔特斯后来成了新西班牙总督。

和电视剧就是很好的例子。因此，我们可以发现，在许多国家近期历史中的关键时刻，政治都和虚构混杂到了一起：总是在媒体上抛头露面的企业家摇身一变成了政治强人，"内部敌人"被指控帮助境外恐怖分子安放炸弹；类似的例子还有很多。

关于魔幻现实主义的问题十分有趣。**把魔幻事物拉丁美洲化实际上是在把这种情况变得异域化、本质化，可事实上这种看法比起现实来更趋近虚构。没有哪个民族的现实生活或社会本质比其他民族的更加魔幻。**实际存在的是些虚构式的想法，只不过它们也参与到了如何解读现实的争论中罢了。

回到拉丁美洲的问题上来，如果说拉丁美洲就只是马孔多，那我们就该自问那些大城市及其工业是怎样发展起来的：圣保罗的 ABC 工业区，钢铁制品，石化制品，各式各样的汽车，哥伦比亚最高法院颁布的那些示范性法规，对阿根廷施暴者的审判，巴西式的外交政策，此地区多个国家的代表性大学，诸如此类。我们肯定会得到如下回答：拉丁美洲的悲剧就在于没有给予这些对抗马孔多的文明进步与成就更多的发展空间。可我们会接着说文明进步的说法本身就是一个神话，而且我们依然沉浸其中。哪怕是一个与我们取得的进步相关的故事，也依然是个故事。

在世界最不平等地区排行榜上，拉丁美洲总是位居前列，农民、印第安人或流浪街头的年轻人生活贫苦，这些都是毫不魔幻的现实，贩毒活动同样如此，政治腐败更是如此。

想要把这个地区变成魔幻大陆的代名词，这种尝试无法掩饰其本身所具有的虚构性以及隐藏在它背后的政治意图。

我们要赢了！

> 我们击沉了一艘船，我们会战胜英国的。只要足够勇敢，我们就能向全世界展示阿根廷人的风采。

在马尔维纳斯群岛问题上存在着诸多各异又矛盾的神话。帝国编织着那些已自主的殖民"民族"的神话。各个国家也编织着关于自己土地的神话。那些最易怒的反民族主义阿根廷人会说"马尔维纳斯群岛是阿根廷的"这句话本身就是一个神话。

去背景化是最让我担心的事情。对于这本书来说，最重要的是那场由加尔铁里在1982年4月2日发起的战争，那场得到了广泛支持、调动起了各方情绪、兵士们众志成城的战争，是如何在短短几周时间里以失败告终的。那一切催生出了某种幻想、某种象征，尽管阿根廷人之间存在着众多分歧，可下述想法却永远凌驾于那些分歧之上：马尔维纳斯群岛可以把所有阿根廷人联合起来对抗外部敌人。

一天，作家鲁道夫·福格威尔[①]的母亲在儿子到访前一直在看电视，还大喊着："我们击沉了一艘船！"可以说那时整个社会都存在于那个神话之中。当然了，说"整个社会"并不准确，因为五月广场的母亲们一直在强调，"马尔维纳斯群岛是阿根廷的，那些失踪的人也是"，有些政治家压根没有"参与"那场战争，而刚才在喊叫着庆祝的那位女士的儿子则写出了《近视的人们》[②]。

---

① 鲁道夫·福格威尔（Rodolfo Fogwill, 1941—2010），阿根廷作家、社会学家。

② 《近视的人们》（*Los pichiciegos*）系鲁道夫·福格威尔创作的以马尔维纳斯群岛战争为主题的小说，出版于1983年。

群情激昂地沉浸在这样一个神话中催生出了一种新鲜的社会经验。从那时起，属于阿根廷民族的某种东西被铸成了。这与我们之前提到过的高傲神话的例子很相似。不过在这个例子中，更为常见的情况是：这种神话与恶、反民主、军事、专制、好战联系在一起。

当我们认为自己已经抛开民族神话而生活的时候，实际上我们正生存在一个全新的神话之中。"民族主义是一种灾害"是典型的真假参半命题。就两次世界大战而言，这个命题是正确的，对于由民族主义生出的所有殖民行径和专制政权来说也是如此。但是从历史的角度来看它却并不正确，因为无论是莫罕达斯·甘地领导的运动还是其他反殖民的运动都是生自民族主义情绪的民主运动。正如茨维坦·托多罗夫（Tzvetan Todorov）所言，民族主义有许多面孔，它在法国大革命和纳粹主义盛行期间都起到过决定性作用。有一种想法认为，民族主义都是专制的、好战的、反动的，这种想法在阿根廷大行其道，它实际上是从欧洲传来的，尽管在第三世界国家民族主义总是起着互相矛盾的双重作用。

那场战争把一种想象的民族形象强加给了阿根

廷，它让人觉得民族主义好战、腐败、不负责任、爱搞小动作、反民主。也就是说，独裁者们引发的道德、政治和军事灾难都被转嫁到了民族主义这个概念身上，仿佛无论何时何地出现的民族主义都具有上述固有特点。这种将民主与民族割裂对立的推论已经深入我们政治文化的骨髓。

有些阿根廷人在想到马岛战争时无法不想起加尔铁里。还有些阿根廷人在想到民族和主权时无法不想起马尔维纳斯群岛。在 20 世纪 80 年代，一切与民族相关的事物都会和军国主义扯上关系，这又是与民主斗争和人权相悖的概念。阿根廷政治文化中根深蒂固的去民族化现象是新自由主义政治能在阿根廷走得如此远的必要条件。事实上，在 20 世纪 90 年代，那种政治浪潮在整个地区都流行开来，但是还没有哪个国家像阿根廷一样爱走极端。

1982 年的马岛战争是阿根廷人的高傲情绪及其恶果的最佳体现：人们相信一个爱搞种族灭绝、腐败懦弱的酒鬼领导的军队能够战胜英国。同时，那场战争的失败又把我们的文化引向了另一个神话，一个关于衰落的神话，我们将在下文对此展开叙述。

可以说所有大张旗鼓地反殖民呐喊都带有某种神话性，因为它总能通过编造故事来获得绝大多数人的拥护。然而这并不是说所有寻求民众支持的"故事"都是虚假的，这只是那些不可救药的反民众主义者的看法。轻信类似浅薄言论的人必须勇于承认"永远不"之类的说法本身也是种虚假的信仰。上面讨论的神话非常流行，它的影响面很广，而且这种情况还会持续下去，它让人们在面对刚刚过去的时光、真心决定努力不使旧事重现时生出一种真切的恶心感。我希望我能在这本书里把这些问题解释清楚，我的矛头会对准那些对我们社会造成深远伤害的神话。

坚定不移的阿根廷民族性

> 如果要评选最高傲的民族，我们肯定是冠军：我们是全世界最棒的，我们在突显自我方面总是冲在最前面。

人人都说我们阿根廷人很高傲。我们的文化对于那种高傲态度的批判传统也由来已久。这种批判有时是直接进行的，有时则借助讽刺完成，它把我们和自身文化拉开一定的距离，使我们有机会反思，进而戳穿那些神话。不妨以阿根廷的摇滚乐为例，我想说的是贝尔苏特·贝尔加拉巴特乐队（Bersuit Vergarabat）的《坚定不移的阿根廷民族性》，那首歌是这样开始的："世界上最长的街道，最宽的河流，最美的矿区……牛奶那么甜，伟大的集体，草鞋，汽水，甜食……指纹，动画，一次性注射器，圆珠笔……输血，6:0 胜秘鲁①，我们还'发明'了许多东西……坚定不移的阿根廷民族性……坚定不移的阿根廷民族性……"这是一张我们的"发明物"清单，证明我们在世界上是出类拔萃的民族，还以尖锐的方式把我们的高傲态度和男性群体的关系表现出来。

　　贝尔苏特·贝尔加拉巴特乐队就这样揭示出了许多阿根廷人以往或仍然抱有的对这个国家的态度。同时，这首歌还可以被看作是对难以改变的阿根廷民族性的诠释。可如果说高傲态度是所有人都有的、与历史无关的民族特性，那么这首歌也就不可能存在了，因为它是由阿根廷人谱写、演唱、聆听、传唱的。实

---

① 指 1978 年足球世界杯小组赛阿根廷 6:0 战胜秘鲁的比赛，这场比赛充满争议，许多人认为这是一场有政治势力介入的假球。

际上，近年来，我们对那种高傲态度的批判之声越来越大。艺术家、知识分子和公众不断嘲讽阿根廷并且享受这种嘲讽的过程，这本身就是个有趣的信号。我们可以自问还有其他社会和文化能这样进行自我批判吗？我们甚至用上了嘲弄和讽刺的方法，更有甚者，我们还会嘲笑我们阿根廷人所具有的某些真实特点。从这个层面来看，我们可以说讽刺本身就是一种距离，而距离总意味着某种变质的运动。"坚定不移的阿根廷民族性"和那些批评一样有十分积极的一面。

当变质结束，其他和某种灾难性本质相联系的神话出现，风险也就随之出现了。我指的是那些和衰落及自我贬低相关的神话。贝尔苏特乐队在那首歌的最后针对那种风险发出了警告："从陶醉到疲惫，我们的历史总在二者之间摇摆。我们能成为最棒的人，或许也能变成最糟的人，这些都同样轻而易举。"

最近几十年来，尤其是在马岛战争和新自由主义去工业化之后，对我们而言，成为最糟的人似乎更容易了。那么不妨现在就进入衰落神话之中去看看吧。

2
衰落神话

对阿根廷人高傲卖弄艺术的讽刺是群体活动的产物，它侵蚀了我们曾有的简单形象。理解这种高傲态度，有助于理解我们从自我肯定到自我否定的转变是如何发生的，或者说是必不可少的，这也是我在本章试图解释的事情：我们曾认为自己是世界上最棒的人，后来又认为自己是世界上最糟的人。在从一个极端向另一个极端移动的过程中，我们摒弃了任何深入反思自身处境的可能，把自己锁到了神话的牢笼中。这种非此即彼看待事物的方式成了我们的"避难所"，让我们的文化有把某些时刻或某些事业变成嘲笑阿根廷形象的媒介的可能。

衰落神话是爱国神话不可分割的另一面。它们都阻碍我们在细微之处进行深入思考。自此之后，所有针对细致主题的研究都变成了闲事，因为大家都坚信"所有过去的时光更好"。由于我们应当成为最好的人，而显然没有做到，所以一段真正的故事就开始了。阿根廷是个神奇的国度，但是它已经走上了无可奈何的衰落之路。"在三十个国家里排第三位，五十个国家里排第十位或者二百个国家里排第三十位是一场真正的灾难。""我们的一切行动都糟糕无比。"好吧，实际上在这里称"我们"有些过了。"一小撮军人和组织毁了这个国家"，后来这一"殊荣"又转到了足球或网球国家队队员或教练员头上，转移到了学生们在学校里表现出的顺从态度上，转移到了所有人们能想到的事物上。

那些在爱国神话中遭到我们鄙视的"欠发达的"他者，在衰落神话中变成了我们应当效仿的范例，如今我们似乎只能盯着他们做得好的方面去看了，仿佛已无权去观察他们发展过程中呈现出的复杂性以及做得并不那么好的地方。

我们应当承认，存在着高傲的阿根廷人，也存在着拥护衰败论的阿根廷人。实际上，这种思考问题的方式就非常阿根廷化：要么支持，要么反对，非黑即白。可真实情况并非如此：大部分阿根廷人都同时或有时有那么点自负，又有些悲观情绪。

为什么我们不会成为加拿大、澳大利亚、巴西或智利，这很容易说清楚。在智利上大学要交学费，在巴西升学考试十分严格，而且名额十分有限。最近的一场娱乐节目中，喜剧明星达迪·布列瓦（Dady Brieva）讲述了一个移民去了加拿大的阿根廷人给他写信的故事。那人说，他很高兴自己终于离开了这个"破烂国家"，他在加拿大等待下雪，欣赏窗外美丽的树林景色，猜想里面生活着可爱的小鹿。他提到雪景时，就像到达了另一个星球那样激动，就好像阿根廷的一半国土都不会下雪一样。几个星期后，他厌烦了铲雪和给汽车解冻的劳心事；最后的一些信件里，他开始怀念阿根廷的湿热气候和午休习惯了。这件事就像是个比喻，也像是个讽刺，描绘出了一个为逃离阿根廷而欢欣鼓舞的人是如何发现下述事实的：这里并非一切都那样糟糕，衰落神话是站不住脚的；还需要强调一下，世界上其他地区的事物也不都那样完美和美妙。通过理想化他者来贬低自己是无知的体现，而这种无知逐渐变成了神话。布列瓦在讲述那个故事前肯定没有用马克思或弗洛伊德的理论去分析它，可那个故事本身就足以让我们明白我们的社会需要戳穿那些神话。已经有许多人在这样做了。我们应当系统地回顾那些神话，一方面可以为上述目标做出些贡献，另一方面也可以警醒我们不要在进行分析时被其他神话牵绊住。

所有过去的时光都更好

> 从前……安全，工作，教育，尊重，平等，自由，友爱。如今我们失去了所有这些积极的东西。

有些社会和文化习惯把目光聚焦于未来。他们幻想进步是一个不可避免的过程，无论如何都会把他们带向更美好的未来。美国经常会被当成那种未来社会的典范，尽管在拉丁美洲也有很多国家视这种未来概念为成败关键，例如巴西。有些文化认为自己曾在殖民或世界大战或其他大事件发生前经历过辉煌时刻。例如巴厘岛人就常常把自己的过去理想化，进而用不断衰落等辞藻来描述历史。和上述两种社会不同，**阿根廷社会一向被描述成（尤其是在 20 世纪中叶时）专注于"当下"的社会，而阿根廷的"当下"总在不断出现危机。**

然而，到 20 世纪 30 年代时，在某些关注文明衰败、"蛮族"扩张问题的阿根廷知识分子中流行起了衰落论，这一点在马丁内斯·埃斯特拉达和其他一些与《南方》杂志关系密切的知识分子身上表现得尤为明显。后来的政治变革及紧张局势，庇隆主义盛行期间和 1955—1973 年间的艰难岁月，使那种民族衰败论的流行度没有扩大开来。

这一切都指出，这种关于民族命运时刻的想法正在慢慢发生改变，直到一种新的看待历史的观点为人所接受，而这种观点生自下述论断："所有过去的时光都更好。"这种想法变成了一个神话，它没经过学术分析和证实，倒是变成了一种无可争议的真理，被当作分析基础来评析许多现象：教育、医疗、薪酬、退休制度、工业生产、农牧业生产等。作为某种无可争议的先决条件，在每个案例中它都会选择对自己最有利的过去时光来支撑自己。例如，阿根廷在 20 世纪初被称为"世界粮仓"，这是由农牧产品产量及其在世界相关领域的地位所决定的。显然，这段往事对于证实退休体系衰落毫无用处，因为当时在阿根廷并不存在什么退休体系。用这段历史来佐证今日的工业衰退也不合适，不仅因为那个时期阿根廷工业刚刚发轫，也是因为这个神话国度彼时也没制定什么工业发展战略。建国百年之时①公民还没有广泛的投票权，将那个时期理想化的做法隐藏了当时影响阿根廷发展的严重问题。

如果要证实在社会融合方面出现了倒退迹象，大概要把 20 世纪 50 年代或 60 年代理想化了，那时候既没有失业也没有遭人轻视的工种。没人会提那时与政府或政治要员相关的涉及民主和人权的问题了。在那时，很多问题已经处于孵化状态，它们由法律引发，也由各种各样的政治幻想引发，可是在这种背景下都被当作扔到地毯下的垃圾一样被刻意忽视。

我们要强调一点：这本书不会讨论阿根廷错失了无数机会，因此它的相对发展（指的是和同一地区其他国家相比）更缓慢，故而国家衰落了这一观点。我们要讨论的是，"衰落"这个概念本身或是其他类似的概念，它们可以被机械地推而广之、被运用来解释一切，让人们觉得无论从经济、社会还是政治的角度来看，阿根廷在这样或那样的领域已经取得进步的说法

---

① 指 1916 年。

是可笑的、不可信的。

说得更明白一些，你很难说阿根廷在重视和巩固民主方面、关注人权方面、融入拉丁美洲方面没有取得进步。也许有人会狡辩说这些都不是经济方面的话题。可是客观来看，阿根廷在出口、提高国内生产总值和显著降低失业率方面也都取得了进步。

阿根廷注定要成为伟大国家，它本该成为加拿大或澳大利亚那样的国家

> 丰沛的水资源，富饶的土地，山川，森林，石油：我们拥有成为发达国家的一切资源，可是这种梦想被某些东西击碎了。

无论从国土面积来看，还是从资源丰富来看，又或是从气候多样性或与回归线相隔距离等角度来看，阿根廷都本该成为像加拿大或澳大利亚那样的国家。有些人认为，阿根廷没能成为那样的国家是腐败问题、领导阶层的问题、帝国主义干涉的问题导致的。也有相反观点：如果英国人占领此地，我们早就变成

加拿大那样的国家了。把讲莎士比亚的语言的人赶走可真是个天大的错误!

气候多样性,资源丰富,再加上来自欧洲的移民和一个强大的政府……实际情况会怎样?复杂得多。主要原因之一就是那些被理想化的国家也有其他的问题。国内生产总值不能说明所有问题。如果和加拿大做一番历史性对比,可以发现两国政府从一个多世纪前开始,主要在三个问题上采取了不同的立场:铁路问题(无论是连接国内土地还是将本国与其他国家相连),土地分配问题和在贸易保护主义政策与自由贸易政策之间的选择问题。和阿根廷相仿,加拿大同样地广人稀。但是阿根廷有两个优势:气候更加宜人,粮食产区更接近港口。可是,加拿大做出了三个关键决定:自东向西修建铁路,在让国家和美国进行连接之前先行连接国内土地,此外还采取了保护本国的工业政策,给愿意出力发展本国工业的人和愿意移民加拿大的人分配土地。相反,以农产品出口为例,正如何塞·努(José Nun)在《五月论辩:国家、文化和政治》(Debates de Mayo. Nación, cultura y política)一书前言中指出的那样,阿根廷优先考虑的是建造连通港口的铁路,把农产品运到港口出口,没有制定保护本国工业的政策，土地所有权高度集中。这些差异与 DNA 无关，也与种族无关。它们都是政治建设形式上的差异，出现在了历史的关键时刻。

我们应当追随智利模式

> 无论怎样，我们都该保持乐观。伟大的国家可以屹立于世界尽头。没有盎格鲁－撒克逊人存在也能建立起现代化社会。智利就是个例子。

对智利模式加以赞誉是一种意识形态选项，与其他理念一样合情合理。不合理的是认定我们所有人都希望边遭受损失边成长，而非获得再分配的机会。和阿根廷相比，智利有其优势，也有其劣势。可如果将之理想化，同时被理想化的就还有新自由主义，因为它成功地减少了贫困人口。有些人把这些模式称作"市场社会经济"。实际上，它指的是那种深度融入国际贸易体系的国家，相对于贸易保护和自由经济，它更主张开放，私有经济扮演重要角色，高度集中的财富和巨大的结构困难使社会灵活性下降（高等教育费用昂贵）。对于投资者来说，尽管规则自由，可投资结果的可预见性提高了。捍卫这种模式的人很多时候抬高了政府在某些层面扮演的真实角色：首先是在铜生产方面，智利出口额超过 50% 与铜矿相关。其次是在制定限制资金流动的法规方面。

哪怕是对这种模式持批判态度的人，包括我在内，也不能否定它让智利在近数十年里大量降低了贫困人口的数字。然而其他选项带来的可能不仅是贫困人口减少，还有降低社会不公。以开放和弹性政策为特点的智利模式减少了贫困人口，却没有改善社会不公问题：最富有的人和最贫穷的人、最有权势的人和最无权无势的人之间的差距依然巨大。2002 年，即便阿根廷危机最严重的时刻，由于历史原因遗留下来的社会不公问题依然不像智利"成功"时那样巨大。

这意味着，这些年里智利慢慢提高了许多人的收入能力和消费能力，使得他们摆脱了贫困，也使智利的贫困人口比例接近了某些欧洲国家。然而，智利的社会不公水平依然与拉丁美洲其他各国相差不大，甚至和这一地区社会公正状况最好的国家有相当大的差距。换句话说，智利的大部分财富集中在少数人手中，他们赚的比绝大多数智利人多得多。

减少贫困人口数和改善社会不公问题是巨大的挑战。社会不公表现在教育不公，进而体现在整个社会结构中，它引发的危机是智利在接下来许多年中要面对重大挑战。评价智利模式时自然不能不考虑它在贫困问题上取得的成绩，同时也不能忽视智利社会依然存在的不公正问题。对这一关键问题视而不见、一味赞颂智利的做法是个陷阱。和阿根廷相比，智利对人权和公民权益问题的关注度也不算高，这实际上依然是经济不公的表现之一。

看看巴西：他们在国家政策方面做得确实更好

> 他们主张渐变论，重视政策连贯性，目光长远，在慢慢变好。

在爱国神话里，巴西被描绘成单纯享受娱乐之地，到了衰落神话里，这同一个国家又被夸赞成了奇迹。许多人坚称，巴西制定了许多真正国家层面的政策，而阿根廷没有。实际上，那些所谓的"国家政策"是更深刻进程引发的效应。两个国家的区别并非来自民族本质，而来自诸多具体的历史时刻，尤其是在国家政府的形成和发展时期。从历史发展的层面来看，**阿根廷是一个非延续性国家，在公共政策的关键领域总是会做出突然变化**，从对外政策到教育政策，从医疗政策到人权政策都是如此。相反，与法国和英国的情况类似，巴西的制度体现出了强有力的延续性，哪怕政府更迭也不会显著影响国家政策。

为了更好地说明这一点，不妨想一想两国的独立过程。在内战中，后来的阿根廷选择了强有力的政治路径，而巴西帝国不同，它在家族权力、土地政策、生产进程等方面都表现出了极强的政策延续性。最近的几届集权政府也是个例子：一方面，巴西军事独裁自 1964 年至 1984 年持续了 20 年，后来军人进行了自我整肃，重返自由选举，若泽·萨尔内[1]的政府就是一例。另一方面，那些年里在阿根廷不断出现社会冲突，总统更迭频繁，从阿图罗·伊利亚政府时期[2]，科尔多瓦起义[3]，胡安·多明戈·庇隆重新掌权至其逝

----

[1] 若泽·萨尔内（José Sarney, 1930—　　），1985 年至 1990 年任巴西总统。

[2] 1963—1966 年。

[3] 爆发于 1969 年 5 月，由左翼工人领袖领导的起义运动。

世[1]，1976 年政变，马岛战争，最后到了劳尔·阿方辛政府时期[2]，审判军政府时期[3]。

一种流行的说法是巴西的政策延续性自然优于危机不断的阿根廷。实际上，这是人尽皆知的浅薄论断：如果一个国家采取了良好的国家政策（如巴西在经济、外交等关键领域的做法），显然延续性就成了优势。然而，如果单纯认为延续本身就意味着正确，那么这种推论是令人难以接受的。想想巴西的奴隶制，不公政策，关于独裁政权的档案难以解封的规定就能明白我的意思了。人权的例子极具代表性：阿根廷在人权政策方面的非延续性不仅从伦理的层面是一种改善，从制度的层面来看也是一样。

如果现在有人认为巴西的奇迹神话解体了，进而认为阿根廷才是运转更好的国家，这种想法也是错误的。我们必须分析两者的差异，也必须认可每个国家都应该选择更适合自己的知识和方式来指导行动。

---

① 1973—1974 年。

② 1983—1989 年。

③ 1985 年。

延续性和非延续性的对照影响着作为整体的政治文化。我们在《国家激情》(Pasiones nacionales)一书中的更详尽研究中深入探究过它们之间的差异。用政治身份术语来说，在历史上，阿根廷是一个讲求两分法的国家，各方要想达成可持续发展的协议总是要面对巨大的困难，引发激烈的冲突。巴西则没有那么极端，更追求细节和渐进模式。上文提到的研究指出：巴西人认为巴西的每个区域都是整体国家的组成部分。相反，**阿根廷人觉得本国的每个区域都有自己的特点，总要将之与国家整体区别开来**，部分与整体是对立的状态，就像发生在1954—1955年或1976年的事情那样，要掌握政权就要清除掉政坛的一切敌人。这样做自然带来了恶果。

从历史的角度来看，阿根廷的分裂主要表现在政治层面上，最经典的对立是首都—内陆的对立和庇隆主义—反庇隆主义的对立。至于融合，则主要存在于社会层面。因此，社会上的排他性问题在20世纪末引发了巨大的政治风波。巴西则不同，它是这个大陆上社会不公问题最严重的国家之一，它的分裂主要体现在社会层面。在巴西，融合主要体现在文化层面上，比起阿根廷来，巴西在20世纪吸收了更多大众文化产物，尽管大众文化的许多代表人物并没能以公民的身份很好地融入巴西社会。

这些问题也体现在看待过去的方式上。正如上述研究所指出的那样，阿根廷人认为过去具有极大的重要性，巴西人并不这么看。从文化的角度来看，有一部分阿根廷人直到几年前还认为阿根廷是最棒的国家，这一点我们已经在"所有过去的时光都更好"神话里有所提及，他们认为阿根廷的黄金时代是过去。同时，阿根廷历史上的某些时刻又具有现实意义，对当今的阿根廷文化及政治进程起着显著影响。大部分阿根廷人认为未来是不可预测的，或者说未来是与偿还过去欠下的债务紧密联系在一起的，因而未来即现在。相反，巴西人无比重视未来，他们总是预感在未来自己的国家会成为超凡的国度。

我们注定要迎来灾难

我们的命运已注定，它并不光明。我们的个性已注定，它无可更改。我们就这样降生，我们改变不了任何事情。我们的 DNA 就是腐蚀阿根廷的硫酸。

阿根廷的历史总是让我们感到激动，对于一个年轻国家来说这是件让人惊讶的事情。且不说那些千年古文明了，其他任何拥有两百年历史的国家也不像我们一样看重历史小说、历史故事、历史研究乃至过去时光。最经典的几组对立：莫雷诺对萨维德拉，罗萨斯对萨米恩托，庇隆对巴尔宾，以及其他历史上的对立人物总是让人心潮澎湃。我们知道这是一个拥有湿润草原、冰川、矿物、石油以及其他财富的国家，也明白公立教育是什么意思，却总是受困于"在我们身上到底发生了什么"的疑问。既然拥有一切成功的条件，我们又怎么会走到今天这一步呢？

由于总喜欢否定别人，我们永远都不会拿自己跟那些更糟糕的国家相比较。原因很简单，它证实了我们民族高傲到了怎样的程度，我们总认为别人都不配和我们相比较。此外，类似的比较也意味着刻意缓和我们巨大的焦虑感，这种焦虑感生自"我们本应成为的样子"。两分法思想使我们坚信自己注定会成为强国（阿根廷是世界粮仓，是欧洲国家），如若不然，那就走向它的反面：我们的命运注定不是成功就是失败。换个角度来看，这种想法又意味着某种不言自明地撇清关系，它可以被用来解释我们为何总是不行动起来改变现状：要么成功，要么失败，既然注定要失败，那么做什么都是无用功。

　　事实很清楚，没有任何国家、个体的命运是生来就注定的。就像马克思说的那样，我们应当在无法选择的环境中创造历史。什么都不做也是种选择，不过在这种情况下也依然会有人为他们创造历史。**"注定"神话（无论注定的是什么）麻痹了我们，让我们在自己的舞台上成了看客**。如果我们的命运并非注定（实际上这永远都是事实），讨论和选择的空间就出现了，由人类创造历史的空间就有了，于是，政治活动的空间也就有了。我们需要有对抗"命运注定论"的态度。

应当在新的基础上重建阿根廷

　　　　先前的历届政府犯了数不清的错误，因此我们要全盘推倒，重建阿根廷。

　　阿根廷以非延续性著称。这一点与下述状况关系密切：人们总喜欢用"出色的"或"灾难性的"等词汇来评价政府（还可以细分出更多词汇出来）。人们不仅喜欢这样评论阿根廷政治人物，也会如此评论报刊媒体，他们很难去分析政府的某些具体公共政策，无论是能源方面的，还是教育、军事、联邦制或司法方面的。常见的做法是把对某届政府的整体评价推广到其推行的所有政策上。人们经常会认为政府在所有领域推行的政策都是错误的，于是社会上流行的想法就认为下一届政府如果称职，就应该推翻上一届政府的一切措施。这样一来，阿根廷就在一个又一个新的基础之上一次又一次重建，矛盾的是，这个国家就坠入了**无止境的**①非连续性中。这样的例子不胜枚举：任何政府和候选人都不会保证或指明自己会在某些领域延续前人的做法。

阿根廷政治家们应该制定一份"蒙克洛亚协定"

> 卸下包袱、实现增长的唯一方法就是寻求对话，各方达成一致，共同建设阿根廷。

最近这些年，尤其是在政治不稳定的大环境下，

① 原文为拉丁语。

许多不同背景的政治家和知识分子不断指出解决阿根廷问题的方法应该是"制定属于阿根廷的'**蒙克洛亚协定**'"。这种协定不断出现在他们的演讲中，试图证明众多发达国家能够发展的原因是他们克服了政治和社会力量之间的分歧，各方在促进经济增长、政治稳定等关键问题上达成了一致。很多时候，这种想法是被当作解决阿根廷出现的问题的理想方案或关键密钥提出来的。

"蒙克洛亚协定"是什么？它指的是西班牙各主要政党领导人于 1977 年签署的一系列协议——协议签署还受到了企业及工会组织的支持，其目的是团结一致维护佛朗哥主义垮台后西班牙民主过渡期的稳定。对话是在批评声中进行的，这种批评声及来自政治领域（由佛朗哥主义者发出），也来自经济领域（因为通胀率增高）。

上述协议对西班牙民主进程的重要性，人们已达成共识。然而，如果说国家的经济和政治要想在更长时间里发展下去，指望类似协定起作用是不现实的。他们指定的协定内容更多是公民的基础权利，是些已经在众多西方民主国家推行的东西，其中最重要的几点是：言论自由、设立酷刑罪和认定通奸为非刑事犯罪，签署协定的各方同时决定进行大赦、推行君主制。

上述协议经济方面的内容设计更详尽一点，但也绝非具体的经济计划。各方同意提升公民工资水平（提升 22%）和货币供应量；自由解聘员工数最多不超过员工总数的 5%，承认工会的合法地位（在佛朗哥统治时期工会是被禁的）。

很可能有些分析家过分夸大了那些协议的功能。一个主要原因是那些协议不是由阿根廷政治家制定的，也并非在阿根廷推行的，它们的命运因而与庇隆第三次执政时期（1973—1976）或劳尔·阿方辛执政时期试图推行的社会协定不同。当在阿根廷出现达成社会协定的机会时，人们往往会忘记"蒙克洛亚协定"，转而重拾那些神话，"土生白人搞不出好东西来""阿根廷人搞不出好东西来"。还是老样子，哪怕政治家、企业家和工会领袖真的达成了协议，人们也不会认为那是阿根廷版的"蒙克洛亚协定"。相反，人们会再次套用神话来解释它，"里面肯定有猫腻"或"魔鬼可干不出好事来"。前一种神话的言下之意是："虽然我什么都看不懂，可既然他们达成一致了，那就肯定不是什么好事。"显而易见，这种神话不会因为政治论战或是某些事实而发生改变。第二种神话也持同样的逻辑。它假定政治家们都是魔鬼的化身，因此政府的一切举措都是在践行魔鬼的意志。这样一来，哪怕政府真的听从了批评，改进了自己的做法，人们也会认为那只是一种转移焦点的策略。魔鬼在阿根廷制定"蒙克洛亚协定"之时，阿根廷的天使们肯定会说那是堆破烂，都是赶鸭子上架搞出来的政策，竟然设置了工资上升的天花板（或没设置它，任由工资胡乱上升）。

所有这一切又滋生出其他神话，而且那些神话都是并行发展的。有人会说"阿根廷政治家们都不懂得进行协商，不肯在国家政策上达成一致"。看看西班牙人，他们才是这方面的专家。从对阿托查火车站恐怖袭击事件的反应到萨帕特洛—拉霍伊政府更迭，他们都处理得很好。有人会大胆承认：好吧，也许他们在这些事情上做得也没那么好，但是"蒙克洛亚协定"……伙计！瞧瞧我们阿根廷人是多么奇怪吧！我们不仅怀念那些被我们假想出来的不真实的事情（我们是世界粮仓），还会不断念叨西班牙在三十多年前达成的协定。要是列出我们羡慕其他国家做成的事情，那单子肯定不会短。

　　阿根廷人有这么个特点，我们手里总是攥着一个又一个神话。假设各方真的达成了协议，那么刚才提到的那种众所周知的猜想就又会满天飞了：**他们做了幕后交易**。如果进行公众讨论，人们的说辞就是另一番模样了：**严肃的国家从来不会通过媒体讨论政治协定，政治家们会坐下来协商它**。总之，如果协议达成了，那种神话式的控诉就出现了：所有协定都是背叛；如果没达成协定，那就意味着政治家们没用、自私，是些废物，完全达不到西班牙人的水平。神话堵住了我们所有的出路，神话就是我们的迷宫。

"真是个狗屎一样的国家""阿根廷只有一条出路：埃塞萨机场"

　　　　这个国家没救了，"撕咬"它是阿根廷人唯一合理的应对方式。

　　哪怕面对的是不同的局面，我们阿根廷人总是会重复同一句话，就好像那是句祷告词似的：我们把毕生积蓄都存在银行里，这时银行突然限制交易了；我们乘坐的公交车堵车了或飞机晚点了；有位老师在示威游行时被杀了；自动收银机坏了；某公务员贪污行为被曝光；停电；诈骗；我们的孩子被打了；我们因为其他司机不负责任的驾驶习惯而被迫停车；某个我们需要的服务行业突然爆发罢工……在上述任何一种局面或是其他许多局面中（某个公务员不听我们的合理控诉；某个机构对我们的态度不好；某个警察向我们索贿；公交车还要很久才来；出租车上还载着一位司机的想了解这座城市的朋友；我们点的菜看上去比菜谱上的样子差了很多），也许我们只是在心里想那句话，也许我们会听别人说它，又也许我们会自己把它说出来："真是个狗屎一样的国家。"

这是种付诸行动的神话。它不是对我们那满是问题的日常文化的善意批评，而是把那些问题的复杂特性转化成了阿根廷人的某种所谓的天性。事实上那些事情中的大多数（包括其他更糟糕的状况）在其他国家也会发生，但这并不会减弱我们对自己国家的批评力度。但是要真正做到"批评"必须有能力区分抢劫和游行、贪污和自动收银机故障、阿根廷特有的问题和世界性问题。

我们把自己放到全世界的范围中去看谁是这个

星球上最糟糕的国家，谁遭受了最恐怖的政治暴力，谁被最无能的政治精英折磨得最厉害，谁的腐败最严重，谁提供的服务最差，这样做的时候实际上已经把自己置于双重陷阱之中了。首先，从数据的角度来看，阿根廷不可能"赢得"任何一场类似比拼。其次，压根就不能将上述问题归根到民族性上去。不管怎么说，问题的核心在于如何戳穿这一神话，如果把这种负面现象转换为积极的批评。按照罗兰·巴特的说法，我们应该停止纸上谈兵，转而为阿根廷行动起来。

"阿根廷只有一条出路：埃塞萨机场"是句很流行的笑话，深入分析它和无意识之间的复杂关系助益不大，因为类似的研究只能浮于表面。"撕咬它""去他妈的""鞋底抹油"是"搬走、离开"的古老说法，说得再污秽一点："撒泡尿就走。"埃塞萨机场不仅是20世纪90年代末和21世纪初受经济危机影响而产生的移民潮中人们离开阿根廷的地方，也是我们"思想上逃离"的渠道。不过"阿根廷只有一条出路：埃塞萨机场"这样的说法诞生的要早得多。尽管很难确定具体时间，可不妨认为自衰落神话出现之时它就随之出现了。许多人曾经假想过其他的逃离方式．社会主义道路，庇隆主义道路，发展主义道路，但是很快就只剩下了"个体性逃离"这一条路。

当一个国家的居民以成千上万种方式或成千上万种渠道（蒂格雷、帕索德洛斯利布雷斯、伊瓜苏、科迪勒拉山脉）逃离，却产生了"阿根廷只有一条出路：埃塞萨机场"这样的话语，那么我们就应从特殊性入手来解读它。不只是"逃走"，而且是有准备地逃走：收拾好行囊，准备好护照、机票，确定好目的地。就像是场小规模旅行一样。阿根廷仿佛摇身一变，成了迈阿密的小额信贷机构。"离开这里"成了阿根廷唯一的出路。按照这个逻辑，似乎整个国家都要移民到国外了。可是当大部分阿根廷人不断重复这句话时，我们依然留在这里，和其他神话一起生活。有时比起到第一世界国家去戳穿他们的神话，我们更愿意留在这个没有出路的国家。

同时，那句话只把埃塞萨机场描绘成了一个出口，这显然是片面的，且不说那些来了又走的游客，那些回到祖国的阿根廷人和决心移居此地的外国人又该怎么算呢？如今，从欧洲国家和美国来了许多对未来没有明确规划的人，这是不争的事实。

离开阿根廷的阿根廷人似乎都足够天才，能在国外获得成功。许多阿根廷天才在欧洲或美国成了名，那里的人喜欢他们唱的歌、写的小说、画的画。我们只是盲目推崇"欧洲化"的东西，却对本土天才视而不见。同时，还有成千上万阿根廷人在出国后只能靠当刷碗工、清洁工和停车场看门人为生，也有可能他们什么都干，这证明"离开"之后的生活并不见得是一片坦途。当然了，一个人如果总要面对困难局面，很容易心生厌烦，如果远离家乡可能更容易感到满足。不过也有些人的情况相反，他们更愿意在这里对抗困境，毕竟在这里，无论过得是好是坏，也无论遇见了怎样的问题，都可以借助下一个神话来对抗它。

阿根廷发展不好是阿根廷人的性格决定的

> 我们的国家很棒。杀死我们的是我们的行为方式。

我们坚信我们阿根廷人无能又懒散，我们认为自己是"乡巴佬"，意思是我们看待问题的视野很局限，对其他社会和文化不够了解。从这个层面来看，有一个国家可以作为很有趣的范例：日本，尤其是 20 世纪初欧洲人是如何看待日本人的性格的。张夏准[①]曾经讲述过这样一桩轶闻：1915 年时，日本政府雇了位澳大利亚经济顾问，这位顾问在走访了日本国内的众多工厂之后说了下面一番话：

> 我见过日本人的工作方式之后，对廉价劳动力的印象完全改观了。他们确实赚得很少，可他们的工作效率也的确很低下；看着日本人干活，我不禁想着他们是追求舒适安逸的种族，压根不把时间当回事。我跟一些经理谈过，他们都说民族性格是改变不了的。

太阳底下无新鲜事：直到民族性格发生改变之前，没人相信它是可以改变的。英国社会主义领袖比阿特丽斯·韦伯[②]曾在 1911 年时游历亚洲，她认为日本人有着"令人难以接受的看待休闲娱乐的态度和个体独立性"。她还把韩国人描述成"1200 万肮脏、堕落、孤僻、懒惰、不信教的野蛮人，整天穿着劣质又肮脏的白色衣服走来走去"。

---

① 张夏准（Ha-Joon Chang, 1963—　），韩国发展经济学泰斗。
② 比阿特丽斯·韦伯（Beatrice Webb, 1858—1943），英国合作主义者。

实际上，比起那些被描述者来，做出这些描述的人更配得上这番话。时至今日，西方传统文化仍未发生改变，它有一套认知逻辑，不管是日本人还是高乔人，韩国人还是印第安人，都是懒散、肮脏、不努力工作的代名词。有趣的是，我们应该想想那些国家现在变成了什么样子，西方社会对那些民族和文化的看法又发生了怎样的转变。

事实上，杀死我们的是我们自己炮制出的种种神话。我们坚信自己做不到、变不了，我们相信自己就是真正的灾难。

不生气你就输了

> 在这样一个没有任何事物在运转的国家里，你要么大声喊叫着声明自己的权利，要么只能任由别人从你头上**踩**过。

"这个狗屎一样的国家"的说法，对"只有在阿根廷会发生这样的事"的坚信，深刻地影响着我们的日常生活和我们与他人的联系方式。有时我们根本察觉不到类似表述中的暴力含义，认为这些事实上相当独特的表述是再自然不过的了。

当银行不接收我们的存款时，当电信公司向我们收取了一笔意料之外的费用时，当买了台家用电器却久候不至时，我们通常会借助一种在阿根廷各大城市日常生活中极为通行的做法：如果不申诉，如果不要求他们尊重我们的权利，如果不在电话里或柜台上提高我们的音量，那么我们就得不到想要的东西。就我们阿根廷的情况来说，"不生气你就输了"。

一个住在墨西哥的阿根廷朋友对我说，在那边，谁要是在银行按照我们这边的习惯粗声大气，他就"输了"。内斯托·加西亚·坎克里尼 [①] 表示，在墨西哥，"要是生气你就输了"。而我们这些阿根廷人依然以"到底怎么回事啊……"作为开场，声明我们的权利。于是幕布立刻拉下，只余下我们的声音在"舞台"回响。

相反，在我们这边，情况则不同。"没有出租

---

① 内斯托·加西亚·坎克里尼（Nestor Garcia Canclini, 1939— ），
阿根廷作家、教授、人类学家、文化评论家。自 1976 年起定居于墨西哥。

车"地铁停运了"，这些都是我们日常生活中的"小神话"。试想，要是有人对你说"我的车坏了"，你肯定会想"真可怜，车坏了，只能去修了"。相反，要是有人对你说"地铁停运了"，你肯定不会问具体是哪个部位坏了，也不会问坏的原因，因为最急需解决的是更实际的问题：我要怎么到达目的地呢？然而地铁停运也可能是罢工或意外事故造成的，只不过那种表述把事件的诱因隐藏起来了。这不是因为诱因不重要，而是因为我们喜欢把这些事情变成"神话"。

要是你排大长队等出租车或是在机场等待延误的航班起飞，让你焦虑的也不是事情的诱因（是因为天气不好、技术原因还是罢工？），因为无论原因是什么，结果都一样——"飞机延误了"。不过很快就会有人跳出来评头论足了："这种事只会在阿根廷发生""这是个什么国家啊……"，或只是简单一句"阿根廷……"（就好像只是把阿根廷的名字说出来，其中的含义就不言自明了）。我们常常忽略航班延误或取消的具体诱因，然后编造个神话出来，而这个虚假诱因又往往与阿根廷有关，"只有这里会发生这种事"。我们什么时候会生出这种想法呢？当某件我们不理解的事情激怒了我们的时候，几乎每每此时我们都会把国家扯进去。

当我们说"这种或那种交通工具停运了"或是"延误了",我们指的都是事物,很少会提到牵扯其中的人。马克思在 19 世纪中叶曾描述过类似的构建神话的模式。我们相信我们是和事物联系在一起的("停电了""地震杀死了成千上万人""美酒醉人""贫穷问题愈发严重"),可是我们对这些事件背后隐藏的一系列社会关系却视而不见。好像那些事物有了自己的意志力:"电话不通。"因地震而丧生的人数多少并非只取决于那场地震的里氏震级,还取决于建筑物的建造方式以及社会救援的力度。贫困问题和失业问题也并非"天灾",它们也与社会和权力相关。

放弃神话式话语,意味着质疑那些将事物统归于天灾或技术的看法,也意味着学习了解社会和不同的团体组织在那些进程中扮演的角色。总之,如果我们认为某个局面会惹我们生气、损害了我们的权利,那么也该搞清楚自己应当对谁生气。我们可以针对某些事物或团体(国家、公司)生气,但是冲着某个没有话语权的人大吼大叫是解决不了问题的,尽管用神话的视角来看那个人可能是某个团体的代表。

消费者永远不可能感到满足,因为那些企业不仅要竭力压榨它的员工，也一直在剥削它的顾客。我们清楚要把怒火发向那些企业，然而事实上顾客们总是把坏情绪发泄在具体的工作人员身上。某人在给银行打电话，给信用卡部门打电话，给网络公司打电话时，都可能做出上述行动来。可是我们得清楚接电话的是什么人："您好，我的名字是弗洛伦西娅，请问有什么可以帮到您的呢？"在一项针对客服中心的研究中，保拉·阿巴尔·梅迪纳（Paula Abal Medina）指出负责接售后电话的工作人员往往工资很低，而且工作环境很差。注意：弗洛伦西娅并非企业本身，尽管那家企业向她支付工资并且让她代表企业应答。可我们更愿意相信神话：只要我打去电话，回应我的就是企业本身。事实上，这是场消费者与隐藏在暗处的企业之间的斗争。

我们还没提到互联网的自动应答系统。我们给某个企业打电话，电话那边可能给我们连续放半小时音乐，提示我们登录某个网站进行操作。如果我们想和真人进行对话，哪怕是某个不可靠的工作人员，也得等上一个小时。为了节省那份工资，电话语音会建议我们立刻扫开网页。我们当然会这样做。我们会在网站上碰到另一个神话："所有电子化的东西都更好。"

为什么 Word 就一定比打字机好呢？除了上千个选项之外，我们能够便利地解决任何问题。那么好吧，我们就打开网站吧，我们进行一次网购，然后又会发现新问题。不！很多时候问题根本就没办法解决。让我们生气的是那些公司企业一直按照"不让人省心"的原则行事。那么怎么办呢？我们知道"不会哭的孩子没奶吃"，但是没人能保证"会哭的孩子一定有奶吃"或是"生气的人一定会赢"。不过算了，尽管结果未知，我们还是先把火发出来吧，于是开始跺脚，开始吼叫。

3
民族神话

"所有的民族主义都是专制、好战、反动的"，这种想法非常具有阿根廷特色。关于人类共有特征的想法由来已久。要么是我们国家的人，要么是强敌邻国的人，这种想法已经被"人类分为剥削者和被剥削者"的想法替代了，19世纪时马克思的睿智疾呼犹在耳畔："全世界无产者联合起来！"后来出现过一种远离真实政治生活的观念，认为所谓的民族问题都是科学真理遭到扭曲之后形成的。刚进入20世纪时，爆发了一场世界大战，彼时各个社会主义政党都支持本国对抗其他国家——它揭示出民族主义最不幸的特征之一，后来又发生了许多民族斗争运动，取得了不少成就，其中包括亚非诸国独立。没人认为甘地是专制、好战、反动的，可甘地领导的正是一场民族主义运动，这对于某些人来说很难理解，因为他们坚信在民族主义框架下不可能出现民主呼声或任何形式的和平行动。

为什么说阿根廷人听说甘地是民族主义领袖时会

感到奇怪呢？军事独裁政府在1976年做成了许多事，其中就包括把民族的概念军事化。事实上，军事独裁政府从肉体上摧毁了一代人，在很长一段时间里让人们对"参与"一词心生恐惧，同时抹除了社会和经济结构的诸多根本性问题。除此之外，他们做出这番恶行时，打的还是国家、民族主义的旗号，要以此镇压"动乱"，抵御苏联和国际社会上的共产主义威胁。民族的概念在阿根廷发生转变还有两个关键性拐点：1978年世界杯和马岛战争。

1978年世界杯是一个关键的时间点。根据爱德华多·安吉塔[1]和马丁·卡帕罗斯[2]在《意志》(La Voluntad)一书中的描述，在河床队主场体育场狭小的空间里，一些绑架犯、酷吏和被他们抓捕的人可能一起看了世界杯决赛。也许那一幕并未发生，可实际上类似的事情不断在阿根廷上演。魏地拉和马塞拉忘情欢呼阿根廷夺得历史上首座世界杯的照片是如此扎眼，哪怕当时我们年纪还很小，也能看出其中蕴藏的

---

[1] 爱德华多·安吉塔（Eduardo Anguita, 1914—1992），智利诗人。

[2] 马丁·卡帕罗斯（Martín Caparrós, 1957— ），阿根廷作家，其非虚构作品《饥饿》中译本于2017年出版。

激动之情。就这样，竞技体育中的民族主义情绪与独裁政权联系到了一起，1978 年世界杯化解了阿根廷各个层面的社会矛盾。人们欢庆胜利，可是球迷的欢呼声很快就被遭受酷刑折磨之人的喊叫声遮盖了。

独裁者们认为，自己在 1982 年马岛战争中抬起手来就能摸到天空，没承想最后却被羞辱、被抛弃、遭受道德指责，最后接受法律制裁。可是那场战争也表现出了某种针对阿根廷的民族幻想，很少有人就这一点进行研究。民族和民主之间的分裂状态深刻影响着阿根廷的文化和政治，成为阿根廷根基的重要组成部分，它滋生出了一套关于国家和民族主义的完整的、非常阿根廷化的神话。

民族的即纳粹的

阿根廷的民族主义就是纳粹主义。认为国家至高无上的人背后隐藏着某种威权计划。所谓的民族利益只是煽动分子和极权分子编造出的幌子。

民族主义和所谓"民族的"事物通常被认为是古

老的现象。最常见版本的说法认为，它们如今已经不复存在了。另一种观点则认为，"民族的"意味着一种"退步"或"返古"。除了陈旧之外，它们在思想领域还都被认为是负面的表述，它们排外、专制、同质化。某些阿根廷中产阶级"进步分子"就常说："民族两字应该写成'纳粹'。"

认为所有民族主义都排外、专制、同质化的想法，事实上是把某些民族主义的特殊表征普遍化了，尤其是那些地球上最强势国家的某些特征。把美国或欧洲的某些特点极端化、扩大到全世界，这样的做法毫不新鲜，而阿根廷和拉丁美洲的知识界越来越热衷于这样做，哪怕在非军事独裁统治时期，他们也倾向于把"民族的"事物与占统治地位的思想联系到一起。"民族两字应写成'纳粹'"的说法就是这一特定历史进程的产物。

现代文明精神倾向认为：要做出正确的经济决策（是否能控制债务问题，如何对待私有化企业），就一定要做出不受话术、感觉或激情干扰的根本性分析。隐藏在其下的想法是要制定出一种绝对理智化、绝对"科学"的政策，他们认为这是可能的，也是符合大众预期的。第一个问题是要为此掏钱、抗争、协商、废约、征用，这些做法究竟值不值得，这个问题还可以换个方式理解：究竟什么政策才对全国大部分人或所有人都有益。人们对阿根廷的预期一旦发生变化，上述问题的答案也就会随之变化：欧洲在拉丁美洲的飞地，潜在的第一世界强国，"普通国家""社会主义国家"或是其他诸多想象中我们国家的样子。想象世界上其他国家样子的方式也各不相同。"我们是什么人"或"我们能成为怎样的人"，这两个问题会影响到我们如何制定政策。甚至在这样一个全球化的世界，我们嵌入世界的方式也取决于我们看待自身的方式。或者这么说吧，如果不考虑我们阿根廷人的想象和情感，就不存在任何可被评价为"成功"的经济思想。

到目前为止，我们的政治生活中有理智，也有激情，有利益计算，也有与尊严相关的问题。对于阿根廷社会来说，这个国家的领导阶层接受成为"大不列颠王冠上的珠宝"或是和各大帝国"紧密联系在一起"又或是公开抵制外部强权，这些选择之间存在着巨大的差异。如果人们感觉阿根廷被其他国家或是被自己的领导阶层羞辱了，他们会感觉这种羞辱是针对其个人的。

这种现象并非阿根廷独有。法国人打着保护其"文明"的旗号限制美国商品流入；西班牙的官员们捍卫不属于"西班牙民族"的公司的权益，他们认为这样做恰恰保障了该民族的利益；巴西、印度及中国建立战略联盟的做法也有类似作用。在法国，在民族的旗号掩护下不仅爆发了大革命，也爆发过"九月大屠杀"，利用类似的说辞，人们捍卫民主，诸多国家独立，不过也建立起了许多独裁政权。民族性的这种模糊性可能会让人感到愤怒，但是其他与集体相关的概念也有类似效果，例如阶级、种族、政治上的意识形态。没有任何一个社会主义者能以社会主义为名做一切事情。换句话说，如果不兼容多样化的社会习俗，就难以实现政治认同。

那么，如果说（阿根廷也好，其他国家也罢）政府利用其掌握的资源制订了一项战略计划，以促进经济和社会发展，那么这项计划中的民族性是如何体现的呢？换句话说，"民族"已经不能再被理解成古老的概念了，也不能认为它是个蕴含着非理智情感的概念。

如果说有人曾打着民族的旗号犯下罪行，那么就应当探究这个概念在何种政治领域作用的问题。如果最后证实所有政治势力都滥用这一概念，那么它就应当被舍弃。最后就只剩下两个荒唐的选项了：要么带着被人为制造出来的某种身份搞政治，要么就抛开一切身份搞政治。第一种选项已经有无数失败的案例了，因为所谓的"身份"应当是生自不同的社会和历史进程中的，而非人为制造的。第二种选项则完全不切实际。理智、价值和情感本身就是由所有的政治和文化冲突共同参与构成的。

近年来，关于民族性的话题在阿根廷不断重现，我认为从整体来看这是积极的，尽管许多谈论"阿根廷人"的畅销书会引我们发笑或生气，因为它们有的内容太简单，有的则谎话连篇。然而，必须指出从20世纪90年代末开始，在极度排外的背景下，社会和公民最主要的情绪宣泄口就是"民族性"。想想1990年教师大罢工，想想那些接近破产的私有企业（例如阿根廷航空）的员工，想想那些由失业民众组成的组织，我们可以确认两件事：他们强调自己的阿根廷人身份（由此生出了他们应享有的权利），于是他们申诉的对象就自然变成了阿根廷这个国家。阿根廷应当推行公立教育，独自掌控各种资源，社会团结，人人都有工作：这些关于我们国家的关键想象成为他们斗争的核心主题。通过类似的公民行动，对民族概念进行定义的社会行为开始了，这种行为寻求将民族性与公民及其权利联系到一起。

在与其他国家交往时，阿根廷政府表现出的恭顺态度会让阿根廷人产生不满情绪，这种情况该如何定义呢？这是民族主义异域化、极权化的表现吗？还是说这种民族情绪回应的是对一个不公较少、更加民主的国家的想象呢？

以"民族"为名控诉政府没有维护公众利益并非毫无理智。大多数民众希望阿根廷更加民主、不受外部势力操控，完全合情合理。在这些事例中（在许多其他事例中情况则相反），民主和民族联系到了一起，二者并不互相排斥。于是生出了两种风险：由于上述情绪都不稳定，这种联系随时都可能被批评民族性者利用。还可能会有人拒绝承认那种联系的存在，进而借助嘲讽增大反对声浪，毕竟阿根廷人逃脱不掉那种普遍又独特的特点：自我侮辱。

把国家和民族主义像区分善恶对错一样分割开来也不是最好的解决办法。我们姑且假设每个国家的居民都有绝对的权利来选择他们的政府、民主地决定该国的政策，他们摒弃隔阂，和谐相处，组成了一个"社会—政治"集体，难道这样一来，在其他国家或多边机构试图通过强权威胁的手段对其进行干涉时，他们就不会感到愤怒了吗？如果压力持续增大，直到顶点，阿根廷要被迫允许他国来掠夺其自然资源，到了那时，这种愤怒难道不会演变成一场巨大的社会运动吗？毫无疑问，这场运动一定会被外国政府或机构贴上"民族主义"的标签，而且含义是负面的，因为他们视为对他们既得利益的威胁。

如果我们真的把大众意志作为民主的基础，或者说，民众可以通过投票决定他们自己的命运，那我们就不得不承认民主（或者说民主国家）本身就带有民族主义的成分。可这不但解决不了问题，反而滋生了问题。因为民族主义（正如我已经提到的那样）有不同的内涵和发展趋势，其中一些（如几十年前我们遭受过的苦难）可能会引发紧张局势，并且走到民主的对立面。

那么好了，解决问题的方法不是把民族主义情绪完全抹杀，或者甚至玩老套的把戏：嘲讽阿根廷人和他们的情感。相反，我们应该承认民族主义、军国主义和极权主义在阿根廷都是处理政治分歧不同方式诱发的产物，而民族主义正是最后一届军人独裁政府未被深入分析的一面。实际上，正如玛里娜·佛朗哥（Marina Franco）所言，在阿根廷，政府的恐怖行径总是和种种爱国表述联系在一起，1978 年世界杯、马岛战争、公立教育和国有企业的崩坏都是例证。不该单纯地认定"民族性是专制的"，许多具体的事例已经证明民族意识是不可或缺的，尽管只拥有民族意识还不足以构建民主社会。不过，民主也要求更广泛的权利，只不过这种权利是属于全体人民的。

我们是世界公民，我们理应具有超越国土界限的爱

> 我们应该成为全球公民，我们应当投入电影、音乐和文学创作中去，赢国际大奖。局限于创作阿根廷主题的艺术品和文化产品是一种落后思想。

存在着这样一个无解的奇思妙想，它认为人类都是平等的，因而不管掺杂了哪些人为因素，我们应当

考虑的是全人类的命运。在某些层面上，**抽象的世界主义毒害了阿根廷文化，它催生出一种担忧，认为本土情结会阻碍我们去看其他地区或国家，或者说全世界的情况**。但是在理解我们国家是某个整体的组成部分和从思想及政治上根除旧观念之间存在着一个深渊。

我们思维活动成果的某些部分，会习惯性地坠入那个深渊之中，因为我们不明白一个简单的道理：强烈的归属感与高傲和歧视毫无关联。同理，有人认为，为了摆脱卖弄学识的嫌疑或避免败坏自己的名声，就必须和所有与本民族相关的情感进行切割，这种想法是很荒唐的（但是阿根廷持这种想法的人并不在少数）。那三个问题（身份问题、轻视他人的问题、高傲的问题）可能是互相交织在一起的，也可能不是。实际上，在阿根廷，自命不凡地对民族情感进行虚伪抨击是很有市场的行为。而一个人通过大声嘲笑阿根廷所体验到的那种骄傲感，本身就是非常阿根廷化的东西。我们甚至可以说，那是种"过于"阿根廷化的东西。

和所有这些非常本土化的信仰想要达到的目的相反，我们不可能通过否定、忽视我们降生的社会来进入所有人类共同所属的那个"世界"。世界性本身就浸透、生活在我们身边的人体内，浸透在我们的社会里。我们从本土化的事物身上学习到越多的东西，就能从全球化的事物身上学到更多的东西。

地震、恐怖袭击、海啸……每当灾难发生，各个国家的报纸都会报道受灾国的受灾人数和死亡人数。在"9·11恐怖袭击事件"、日本海啸、智利或海地的地震中有多少阿根廷人丧生？难道说有成千上万人丧生，而其中并没有阿根廷人，我们就会感到轻松？人道主义精神指引着我们，让我们明白，死者的国籍并不是什么重要的信息。每场灾难的受灾者也是一样。然而，老实说，危机或灾难发生在本国和发生在遥远的国家给人的感觉的确不同，若是不幸的事件发生在你的城市、你的社区、你的家庭中、你的家人里或是你的邻居身上，那肯定也与它发生在别处不同。难道我们因为很少有人愿意为了全人类来牺牲自己，就断言人类是残忍、自私、充满兽性的动物？

这么说吧，阿根廷的奇怪之处就在于流行着一种把爱和公正混淆的思想。一个人爱自己的孩子们比爱他孩子们的朋友更多，这件事并不能证明他一定认为自己孩子的生命比他人的更金贵。一个热爱自己的国家也不意味着他就一定支持该国进行领土扩张或他就一定会把贸易战和国家利益混为一谈。爱国情怀是一根细线，少部分人利用爱国和民族主义的联系或是某种异化的爱就可以将之扯断。在阿根廷，这条细线同样纤细，很少有人甘愿犯险走上去，可是不开启这样的旅程就意味着你会坠入上面提到的深渊之中。相反，戳穿那个神话就意味着拓宽了那条道路，在那条被拓宽的道路上，归属感和高傲情绪、文化志趣或是以好战的态度诉求权利的做法不会再被混为一谈。

在全世界范围内，民族的概念正在消失

> 民族身份和通过民族归属组成的社会都已经过时了，民族主义就更不用提了。

在拉丁美洲，从历史的角度来看，无论是民族概念还是民族主义概念的起源都与国家无关。"国籍"是独立之后很久才出现的概念。各个国家的国土分布基本和殖民时期的行政区划分保持一致，各个城市的重要性也与它们所处地区的影响力相关，却与它们所

属族群的身份关联不大。从这个意义上来看，如果说"民族"指的是某种想象中的族群属性，那么这个概念就是国家诞生后的产物了，它生自国家处理事情的方式、城市管理政策、文化政策等，生自国家推行的民族化方针。

既然"民族"是国家诞生后的产物，而新自由主义国家不生产"民族"，那么我们可以说，在这样一个排外政策大行其道的国家，民族的概念就要消失了。然而这并非事实，至少有两个原因促使我这么说。首先，直到现在为止还没有出现合情合法地定义公民身份的政治术语来替代"民族"的概念。某些社会团体也许能够对抗跨国机构，然而掌握权力、能在那些国家推行具体政策的却并非那些团体。那些社会团体的诉求一般是：国家应当具有某些特定立场来应对那些跨国机构发起的挑战。举个例子，在阿根廷没有任何社会团体会直接向国际货币基金组织、联合国或南方共同市场发起诉求，相反，它们会要求阿根廷政府在国际货币基金组织、联合国、美洲自由贸易区或南方共同市场成员国面前采取某种姿态。

其次，在某些类似的进程中，民族身份往往能在向政府发起诉求时起到重要作用。在排外情绪日益高涨的局面下，民族身份也许有时能（和人道主义因素一道）在个体或某个群体声明自身权利时化身为强有力的依据。20世纪90年代，教师群体在提出工会诉求时高举的正是阿根廷国旗，一家曾被西班牙政府收购的航空公司的员工在进行斗争时也都随身带着象征民族身份的物件，那家公司现在叫阿根廷航空。矿井童工进行示威游行时也带着同样的象征物，有时某些抗议大会的代表和其他示威运动的成员也会做同样的事情。在某些情况下，政府的地位低下时，民族性活动反倒会增多。从宽泛的角度来讲，当"民族"指的是群体性的归属感时，民族主义就更有可能会涌现出来。

"全球化将会改变民族的概念，也会改变'不够重要的'那些国家的地位"，这种观点迎面碰上了国际地缘政治学说。许多国家被某项具体政策削弱了力量，这并非历史命运决定的。直到如今，美国的民族主义激情依然显得不够理智。英国的民族主义激情则拉大了它和欧洲之间的距离，也使英国人民无视联合国针对马岛问题提出的解决方案，看上去民族主义情绪不仅没有变弱，反倒是加强了。欧洲是区域一体化的典范，可是在欧盟内部，认为自己归属于某个具体国家的民族情感依然胜过对作为整体的欧洲的归属感。

在拉丁美洲，民族归属感也没有减弱。举个例子，如果出现了一些把天然气从玻利维亚大量输出的方案，而这样做并不会给玻利维亚带去太多好处，玻利维亚人民会作何反应呢？如果玻利维亚人民发起了阻止那些方案施行的行动，这是民族主义的表现吗？这实际上就是发生在阿根廷石油身上的事情。难道除了政府之外，还有什么组织能推行有利于社会大多数群体的政策吗？

综上所述，那些认为民族主义在 21 世纪最大的舞台就是足球场的想法是完全错误的。那只是在将复杂的问题简单化。如果我们不搞清楚民族主义的角色以及它的不同意义，我们就无法真正理解国际地缘政治局势。

4

种族神话

我还是个小孩子时，人们告诉我阿根廷有种很美好的现象：这里没有种族主义问题。相反，哪个国家只要有非洲裔人口或印第安人，很遗憾，那里必然会有严重的歧视问题。由于阿根廷"既没有黑人，也没有印第安人"（这是个肯定句，几乎像是在做科学的介绍一样），所以我们这里没有种族主义问题（这后半句话已经带着庆祝的腔调了，接近于狭隘的爱国主义口吻）。那些关于"我们是谁"的课程——我在许多年之后才意识到这一点——实际上讲的是"如何看待"阿根廷人。

在将上述神话用作这一大章节的基础时，实际上我们讨论的只有两种情况。在中等阶层和上等阶层里，只要有人**明显**是**阿根廷**人，就必然要把他视作白种人。哪怕那人确实有非洲人或印第安人的某些特征，人们也会选择视而不见，那些特征都会被**漂白**，因为**所有阿根廷人都是白种人**。相反，至少在过去是这样：如果某人有某些"与众不同的特征"，不属于"乘船而来的移民"的子孙，他就不会被认为是阿根廷人。后一种现象，从某些不被阿根廷人了解的国家来的人大规模移民到布宜诺斯艾利斯之后愈演愈烈了，布市原住民称呼那些人为"动物大军"。1945 年 10 月 17 日，许多希望代表工人阶级的政治家被涌上街头的人群吓到了。有些人记录说自己在那之前一直都不知道那些人的存在，那些政治家中的许多人此后依然继续从政，继续忽略那些"小黑头"也是阿根廷人的事实。

阿根廷人说服自己相信在这片土地上没有印第安人存在，此外他们还成功地让全世界也都相信了这种说法。如此一来，没有任何一个研究那些民族的有名的人类学家认真研究过我们这个南方国家。甚至就在短短几年之前，一位非洲裔社会运动领袖打算出国参加某个反种族歧视大会，却在埃塞萨机场被拦了下来：工作人员认为他的护照明显是伪造的，因为他长着深色皮肤，可是人们都认为"没有黑人生活在阿根廷"。还有一位来自萨尔塔的女性，攒了几年钱想去墨西哥旅游，这次拦下她的却是墨西哥人，因为她有印第安人的特征，他们拒绝她入境，认为那些印第安人特征就意味着她的证件是伪造的（"印第安人不可能是阿根廷人"）。

要是一个国家对生活在其中的居民都没有概念，规划未来就只会是一场镜花水月。我们这些理应平等的人、有权投票的人、享有法律赋予我们的一切权利的人究竟是谁？这是个关键问题。因此，我们必须进入并摧毁种族神话。

阿根廷没有种族主义问题（因为这里没有黑人）

阿根廷不像其他国家一样有种族主义问题，这是阿根廷的优点。面对不同肤色、不同国籍的人，我们总是很宽容大度，也很开放。当然了，这里没有种族主义问题很大程度上要归因于阿根廷没有黑人。

种族主义在阿根廷有独特的模式："阿根廷没有种族主义问题"后面常常紧跟着另一句表述，"因为这里没有黑人"。这本身就是个种族主义严重的论断，因为没有和体现差异的因素共存并不意味着某种文化就不具有种族主义问题。很多时候我们听到"这里没有黑人"的表述时能感觉到明显的骄傲情绪，此外这种表述本来就是错误的。

这个神话与"容忍"神话有联系，它们把阿根廷描绘成了一个容许差异（尽管要加上"在白人之间"这几个字）存在的地方。可实际上如丽塔·塞加托（Rita Segato）等人的研究已经证实：**阿根廷文化的根基是对差异性的恐惧。**

在讨论阿根廷的种族主义问题时，我们必须明白两件事。在规范和法律的层面上，阿根廷的确没犯种族主义的问题。这个层面上，我们取得了许多政策和制度上的进步，最明显的是 INADI（国家反歧视、排外及种族问题中心）的创建，可是由于歧视问题而导致体育比赛中断的情况也屡见不鲜。后者很能说明问题。有许多比赛只有通过中断比赛的方式才能让歧视的声音停止下来，这是因为阿根廷社会中的许多口头语、非正式用语都带有强烈的种族主义倾向。从 19 世纪起逐渐形成的对我们自己是什么人的想象实际上就深受种族主义思想的影响，这些在我们的社会和文化里是根深蒂固的。

法律层面上的反种族主义和社会层面上的种族主义之间存在着一大片灰色地带。在传统的印刷出版物中露骨的种族主义表述是很罕见的。大多数媒体会竭力使文字不跳出政治正确的范畴。可到了视听媒体上，那片灰色地带的颜色就更深了，如果缺乏监督，类似"死亡三人及一个玻利维亚人"之类的句子就会出现，这句话是 Crónica TV 电视台在几年前的一则报道中使用的。不过亚历杭德罗·弗里赫里奥（Alejandro Frigerio）曾指出，种族歧视问题最集中的地方是因特网。想要验证这一观点的人只要在网上搜索"黑头"（negro cabezo）就够了。

阿根廷不仅有种族主义问题，而且该问题在阿根廷还表现为一种独特的变种：它不仅恶劣，还试图隐藏自己的身形。首当其冲的种族主义表述就是"这里没有黑人"，其后紧跟的是一系列针对"狗屎黑人"和"纯种黑人"的污言秽语。

一个"没有黑人"的国家却有一半人口是"小黑头"

阿根廷也有非洲黑奴的后裔，只不过他们已经没有其祖辈的外貌特征了；同时，我们身边存在着许多"小黑头"。

　　"小黑头"是这个"没有黑人的国家"对那些20世纪30年代来到城市打工的印第安人后裔的蔑称。换句话说，任何来源或族群方面的差异都会使某些人被贴上特定标签。哪怕并不是非洲人的后裔，穷人也会被认为是"黑人"。这是否意味着我们在文化领域上真的已经做到了"一视同仁"呢？我们远离种族主义了吗？没有，正如克劳迪娅·布里奥内斯（Claudia Briones）所言，这只能证明阿根廷的种族主义问题"不能单纯地和发生在其他背景下的黑人运动画等号"。"小黑头"就是个很好的例子。20世纪30年代，伴随进口替代工业化而来的是大量农村人口涌入城市，人们从外省涌入布宜诺斯艾利斯，于是城市里的中等阶层和上等阶层的人开始使用那种标签式的称呼来指代那些移民而来的人。正如我们指出的，在阿根廷，"黑人"不见得一定与非洲血统或非洲人的特征相关，所谓"这个国家没有黑人"指的正是具有那种血统或特征的人，与此同时，人们的日常语言里又会把"穷人"称为"黑人"或"小黑头"。

　　这正是一种种族主义现象，人们把社会和文化方面的差异混为一谈了。阿根廷的特殊性正在于：在长达数十年的时间里，种族主义问题与政治操控相得益彰，很久之前乌戈·拉铁尔（Hugo Ratier）就论证过这一点。这些"工人—深色皮肤的人—外省人"被归拢到了同一种政治身份之中：庇隆主义。笔者曾指出，"小黑头"这个称呼里隐藏着某种"政治色彩"，"它给布宜诺斯艾利斯人和外省人之间的种族主义冲突里添了把火——'黑人'必然是庇隆分子，反之亦然"。阿根廷的社会冲突是以将其内在的多样性隐藏起来的方式构建的，这种形式具有深刻的政治性。

一方面人们声称"这里没有黑人"，可另一方面阿根廷近半数人口都因为他们的深色皮肤、混血血统或单纯因为贫穷、因为其工会或类似组织领袖的身份，而被贴上了标签。此外，我还要补充一个数据：阿根廷 4% 的人口有非洲血统。换句话说，每 20 个阿根廷人就有 1 个有非洲血统。假设我们没有学会"漂白"的技能，那再来瞧瞧吧，你会发现有非洲血统的人就在我们周围，可能是我们的朋友，可能我们也是其中之一。"黑人"不是那些在学校表演里卖玉米面糊的人，他们和其他那些"被隐身"的人一样都是阿根廷的一部分。有些非洲裔阿根廷人已经是那些 19 世纪黑奴的第四代后裔了。还有一些是佛得角人或佛得角人的后代。如今这里有来自不同国家的移民，其中也有非洲裔移民，当然了，他们的人数不如巴西的非洲裔移民那么多，但总人数也绝不会很少。换句话说，我们面前摆着两个选项，第一个：我们不是欧洲人；第二个：欧洲人不全都是白种人。准确地说：这两点都是正确的。

一个没有印第安人的国家

> 这里没有印第安人。太可怜了！尽管在阿根廷的历史上他们具有无可比拟的地位，如今这个尝试着迈向现代化的阿根廷却没有他们的容身之地。

从人口比例来看，被认为是"印第安人"的人口数量在阿根廷要比在巴西更多。[①] 因此，认为阿根廷是

———————————

① 根据阿尔西达·拉莫斯（Alcida Ramos）的研究，巴西的印第安人口数在 20 世纪 90 年代为 23.6 万～30 万，占该国人口比重不足 0.2%。而根据埃克托·阿斯克斯（Héctor Vázquez）的研究，在阿根廷，该数字在 25 万～45 万，约占全国总人口数的 0.7%～1.2%。根据最新统计结果，这两组数字都有显著增长，预计将翻三倍。尽管如此，印第安族群依然被排除在阿根廷的国家叙事之外，可是按照拉莫斯的说法，在同时期的巴西，印第安族群已经成为"民族性的重要象征之一"。

个没有印第安人的国度的想法与人口统计的结果并不相符。其真正原因是：尽管阿根廷在文化方面从来就不是一个一元国家，可其文化多样性在社会生活中被遮盖了起来。政府的身份认同倾向应对此负有责任，它扼杀了所有种族多样性展现的可能。同样地，从邻国前来的移民也被视而不见，这同样与人口统计无关，因为自 1869 年起，在所有全国性的人口统计中，该群体一直占全国总人口的 2% ～ 3%。因此，我们有必要从"历史—社会"进程的角度入手寻找该神话诞生的原因。

布宜诺斯艾利斯大学教授、阿根廷国家科学与技术研究理事会（CONICET）研究员丹尼尔·克拉奇（Daniel Corach）通过一项研究，证实超过半数的阿根廷人（该研究给出的数字是 56%）都有印第安血统。这意味着，一半阿根廷人的血统都部分或全部与印第安族群相关。类似的研究可在多领域被利用。个体和群体的身份是由历史和社会因素参与构建的。阿根廷本可以推行"混血种人"这样的分类方式，也本可承认本国有印第安或混血传统——关于 DNA 的研究会证实这些论断，可最终却选择炮制出"我们是欧洲飞地"的神话，通过这个神话把自己"漂白"，进而把那些本来不能够被排除在阿根廷的历史和社会发展进程之外的族群从民族的框架中剔除出去。

为了证实19世纪末的阿根廷没有黑人，就得去查阅全国人口统计结果。事实上，这就意味着拿一个神话去碰撞那个认为所有人口统计结果都能"如实反映阿根廷人口情况"的神话。埃尔南·奥特罗（Hernán Otero）做过一项缜密的研究，该研究表明，人口统计所使用的不同方法可以"强调移民扮演的角色，抹杀印第安人和黑人的存在"。换句话说，人口测量办法本身就有助于"种族提纯"，这最终会导致黑人和印第安人做出的贡献被彻底抹杀。同样是在《统计与民族》（Estadística y nación）一书中，奥特罗提出阿根廷的官方统计数字隐藏了阿根廷人的黑人及印第安人血统根源，进而促成了诸多神话的产生，例如："阿根廷没有黑人，因为阿根廷的所有黑人都死在了独立战争中。"

新一波移民来自玻利维亚和巴拉圭

很久之前，意大利人、西班牙人和其他欧洲移民就居住在这片土地上了。不过现在的移民已经不从这些国家来了，新的移民来自玻利维亚和巴拉圭。

20 世纪 90 年代，阿根廷政府和诸多新闻媒体曾在不同场合宣布一波新的移民正在涌入阿根廷。尽管如今已经很少有人记得此事了，可是当时的政府却认为这证明阿根廷已经进入第一世界国家之列。土耳其移民涌入德国；墨西哥移民涌入美国；而玻利维亚移民则涌入阿根廷。于是阿根廷政府借机宣称当时日益增长的失业问题和人们愈发强烈的不安全感都是那波移民浪潮带来的。

然而，社会人口数据却指出，彼时并没有出现移民人数的飞跃，因而完全否定了失业人数和不安全感增加的问题是由移民引发的。当时阿根廷人口数量确实有变化，但这并不单单是移民人口数量增长引发的。下图是阿根廷国内出生于邻国的人口数量，数据来源自全国人口普查。

年份	来自邻国的人口占阿根廷总人口比重（%）
1869	2.4
1893	2.9
1914	2.6

年份	来自邻国的人口占阿根廷总人口比重（%）
1947	2.0
1960	2.3
1970	2.3
1980	2.7
1991	2.5
2001	2.5
2010	3.1

来源：INDEC，全国人口普查，1869—2010

要讨论失业问题是否如政府所言是由移民引发的，这组数据非常重要。失业人口数要远超邻国移民数。1991 年，从邻国前来的移民占阿根廷总人口数的 3%，而失业人口数则超过了 5%。要想使失业问题（1996 年时全国失业人口数超过总人口数的 17%）看上去和移民浪潮相关，外来人口数字理应在五年内翻三倍，而这种情况并未发生。研究证明，邻国移民对就业市场的影响是很小的。有计算表明，考虑到失业率在 12% ～ 15% 之间的情况，如果把所有新移民"驱逐"出境，失业率大概会下降 1%。

在 2010 年全国人口普查数字结果揭晓后，某电台的几个人惊慌失措地给我打来电话，因为邻国移民数量"上升了 20%"。当然了，从 2.5% 上升到了 3.1%，如果愿意把来自秘鲁的移民也算在里面，那么这个数字就是从 2.8% 上升到了 3.5%。不管怎么说都是很吓人的一组数字啊！事实上，阿根廷的社会学家们总喜欢对全国人口普查数据表现出不信任的态度，尤其是在涉及邻国移民的数据上。他们认为，真实的移民数字应该更大，尤其考虑到那些由于惧怕人口普查而进行躲避的非法移民。就这一问题而言，应该说拉丁美洲其他国家移民到阿根廷的人口数量确实有所上升，或者说对这一群体的统计数字可信度还是很高的，原因很简单，在"大祖国"计划的支撑下，持有合法证据的移民人数显然更多。哪怕这真的算是个问题，也并非阿根廷独有的问题。

好吧，在社会人口方面确实出现了三个重要变化。第一，邻国移民占总移民人口数的比重在最近数十年里持续上升，这主要是因为欧洲移民数量在持续下降。第二，历史上那些移民大多集中在边境地区，也就是说阿根廷国内的边远地区。然而近数十年他们向更重要的中心城市移居了。如此一来，到了20世纪80—90年代时，绝大多数邻国移民就聚集到了布宜诺斯艾利斯。第三，来自邻国和秘鲁的移民的原国籍分布发生了变化。一方面，来自乌拉圭和智利的移民人口数量下降了：前者在邻国及秘鲁移民人口总数中的占比从17%降到了12%；后者则从30%降到了21%。另一方面，秘鲁移民人数近来的变化确实引人注目，占比占到了9%，而玻利维亚移民人数占比则从18%提升到了23%。

尽管上述原因使得邻国移民人数持续上升，但依然不足以认定他们是失业问题的诱因。实际上，如果不出现更深刻的社会文化变革，那些移民依然会被认为是"小黑头"或"乡巴佬"，而这又恰恰凸显出了以下问题：除了族群歧视之外，阿根廷还存在着阶级歧视和种族歧视。

在阿根廷民族融合时期，所有移民都阿根廷化了

在政府发挥积极作用、制定了**真正促进**民族融

合的政策时，移民就逐渐抛开了他们原本所属的文化，转而投向阿根廷文化。

有人怀念强制同质化的那些时期。众多人类学研究证实了一个在之前没有被文字证实的现象：阿根廷许多城市里的居民习惯使用"玻利维亚人"这个称呼，它不仅指那些出生于玻利维亚的人，还指他们的子孙。从法律上来看，那些人的子孙都是阿根廷人，但是从社会的角度来看他们依然被认定是玻利维亚人。巴塔哥尼亚地区针对某些父辈来自智利的阿根廷人也是同样态度。公立学校的老师们认为他们是智利人，而他们自己——根据维罗妮卡·特普林（Verónica Tprin）的研究——也是这样认为的。这一现象在种族可见性的问题上带来了重要影响。这意味着移民的后代一代比一代更"阿根廷化"的传统思想，在这些法律上已经是阿根廷人的孩子们身上弱化了，他们被认为是外国人，会因为自己父母的国籍被贴上甩不掉的标签。这一现象显然也会影响到全国人口普查的结果。如果算上被认定是外国人的这些阿根廷孩童，那么所谓的邻国移民数量就要突破历史最高的 3% 了，该数字很可能要翻上数倍。

　　我们还需要补充说明一点,在某些语境中,"黑人"和穷人也会被认定是玻利维亚人。阿根廷最著名足球队的球迷被其死敌称为"玻利维亚人"或"巴拉圭人"并不是不值一提的现象。如果说,之前玻利维亚人象征着穷人阶层,那么现在穷人在某些背景下已经都被认为是玻利维亚人了,我们不能仅从移民人数的角度来看待这种现象,还要考虑到这个比喻背后隐藏的严肃性:被排斥的人群总是会被外国化。自由主义达到高峰后的民族想象将新自由主义引发的社会现象"非民族化"了。

　　现在我们可以讨论一下:为什么"外国化"的行为倾向于把那些人称为玻利维亚人,而非智利人、巴西人或乌拉圭人呢?在阿根廷的民族想象中,从高原区来的人(及其后代)本身就带有印第安特征。从这个层面来看,和巴拉圭人或智利人相比(更不要说乌拉圭人了),玻利维亚人自然会在阿根廷的"种族等级排序"中位居末位。同样地,把穷人视作玻利维亚人(在足球球迷高声唱出的歌曲里总能听到类似的表述)意味着一种新的社会象征性差异出现了,它与阿根廷社会不同群体之间的关系密切相关。

还出现了另一种与工作息息相关的重要社会变化。传统上来看，邻国移民会干那些本国人不愿意干的"下等活"。因此，他们中的大部分人会在建筑工地当劳力，或是提供家政服务，又或是在服装制造业和园艺出口业服务，他们在这些行业的从业者中占比很高。邻国移民在历史上帮助阿根廷解决了劳动力短缺问题。换句话说，正如莱里奥·马尔莫拉（Lelio Mármora）所言，他们在阿根廷劳动力市场上扮演的角色是补充性的，而非竞争性的。

那么好了，当阿根廷就业情况发生了根本性变化时，又会发生什么呢？人们如果说哪里出现了移民组成的工会组织，实际上其潜台词是那里的移民失业人数上升了。变化的并非移民人口数量，而是阿根廷的就业情况。阿根廷人曾经无论如何也不愿意做那些邻国移民做的工作，可是从 20 世纪 90 年代末开始，阿根廷人已经不挑工作了。社会排外行动的新进程（源自就业竞争加剧导致失业人口数显著增加）把那些由移民做的工作变成了人人想做的工作，在那之前阿根廷人有更多更好的工作可以选。

总而言之，**移民并没有开始和阿根廷人抢工作，**

而是阿根廷人开始和移民抢那些从传统上来看一直是移民在做的工作。换句话说，发生改变的并不是移民：是阿根廷变了。那种变化引发的众多结果，在与意识形态或文化思想联系起来之前倒是先自行划定出了一条新的界限，用来划界的工具是"玻利维亚人""巴拉圭人"和"邻国移民"。

那条新界限，划于一种古老的观念之上：阿根廷不属于拉丁美洲（更有甚者：阿根廷要避免"拉丁美洲化"），也就是说，那条界限与南方共同市场（Mercosur）及其后出现的南美洲国家联盟（UNASUR）制订的伟大计划相悖。

另外，20世纪90年代时人们还说移民或"入侵"使得阿根廷社会犯罪率上升了。移民署秘书乌戈·佛朗哥甚至提出犯罪行为已经"外国化"了。他们有意**将被捕人数和犯罪人数**进行了混淆。被捕者是那些"疑似"犯下了某种罪行的人，而犯罪者则是已被证实参与了某种罪行的人。逮捕行动是由警方主导展开的，而只有经过司法审判后才能知道被捕者是否真的犯了罪。同时，由于相关机构一向持有"因为是移民，所以有嫌疑""因为是移民，所以是罪犯"的理念，他们的行动本身就会扰乱真实情况，邻国移民可能只因为"长着外国人的脸"就被抓起来（这是人为地将某些外貌特征与危险性联系起来）。数据表明，如果计算犯罪人数，阿根廷人的数量占在阿根廷犯下某种罪行的总人数的90%。此外，马尔莫拉的研究还表明，犯罪行为的严重程度越高，阿根廷人的参与率就越高。举个例子，在暴力犯罪方面，阿根廷人参与犯案的人数占比会增加到95%。如果是经济犯罪（诈骗、欺诈性破产、敲诈勒索），该数字将接近100%。

上述社会观点会对人口构成产生重要影响。在由圣马丁国立大学跨学科高等社会研究学院（IDEAS—UNSAM）主持的关于布宜诺斯艾利斯大都市化问题的一项调查中，设计了这样一个问题：受访者是否愿意让某些社会群体与自己共同居住在同一社区内。最被排斥的人群是异装癖者和同性恋者。紧随其后的是玻利维亚人、巴拉圭人和秘鲁人。同一份调查中还设计了另一个问题：受访者最希望什么样的人成为自己子女的配偶。结果不出意外：绝大多数受访者都希望子女的配偶与他们的社会阶层相似，或者比他们的社会阶层更高。令人惊讶的是多达32%～33%的受访者表示不希望自己的子女与来自秘鲁、巴拉圭或玻利维亚的人组建家庭。

这些统计数据凸显出了阿根廷日常生活中不同文化族群关系的冲突问题。在工作中，在街道上，在公共交通工具里，玻利维亚人总能感受到"异样的目光"，或是直接遭到辱骂。正如莉莉亚娜·西尼西（Liliana Sinisi）的研究证实的那样，在布宜诺斯艾利斯的公立学校里，教学人员会根据种族、国籍或阶级来给学生贴上老套的标签。玻利维亚孩童或玻利维亚移民的子女被认为"迟缓、懒惰、沉默"，用好一点的词来说就是"谦卑、恭顺、安静"。在学校这个大背景下，上述标签可以被理解为"社会和智力方面的提前归类"或是某种"可自我证实的预言"。换句话说，通过给他们贴标签，教学人员会切实影响到那些孩子在学校里的形象。

当然了，认为移民是"下等人"或"危险人物"的想法受到了许多研究者、人权机构和宗教组织的质疑。除了上述人群的观点之外，还应当指出，某企业家协会还特别表示玻利维亚人大多十分努力、可接受工作时间长、不太会引发冲突。这表明在某些行业里，例如服装制造业或园艺行业，他们正是理想的员工。

从宽泛的角度来看，或许可以认为阿根廷的排外话语及行动的发展速度不如其他国家，尤其是欧洲国家。尽管阿根廷历史上曾经出现过排外甚至是暴力排外的情况，然而并没有出现过大规模针对移民的社会活动。

还有一个问题应当提出来：南方共同市场和南美洲国家联盟等组织成员国之间达成的协议会在阿根廷社会引发怎样的后果？如果认定移民是一种人权的 2004 年阿根廷移民法和"大祖国"计划是在瑞典或挪威颁布，大概我们的许多"可敬的朋友"会痛哭失声，他们可能会说阿根廷永远不可能像那些负责任的国家一样颁布如此包容的法律。值得一提的，还有下面这个问题：为什么美国的法律不可能和我们的一样？乌拉圭画家托雷斯·加西亚（Torres García）画出了倒置的美洲，这并不意味着他疯了，他的理念的确并没有被人们完全理解。

阿根廷人都是乘船而来的

墨西哥人都是阿兹特克人的子孙，秘鲁人都是印加人的子孙，而我们这些阿根廷人都是穿越大洋来到此地的移民的子孙。

有人认为秘鲁人和墨西哥人都是西班牙人抵达该地时占统治地位的古老文明的后裔，然而实际上那两个国家的历史要复杂得多。拉普拉塔河地区确实没有能够与之相媲美的古文明，不过也有不同的印第安族群曾生活在这里。我们不仅可以从人类学研究中找到相关数据，也可以通过乌尔里希·施密德①的巨著《拉普拉塔河之旅》（*Viaje al Río de la Plata*）了解到相关情况，当然也可以通过佩德罗·德门多萨②和他的探险队那不够理想的命运来加以了解。

这个神话还认为，在被征服之前，这片土地是一片"荒漠"。没人居住于此（也就是说，此地的原住民等于"没人"），或者说，由于原住民都被杀光了，也就等于"无人居住"了。不管是哪种说法，如今这片土地上的居民都与旧大陆相关，或者说是从旧大陆乘船而来的移民的后代。

---

① 乌尔里希·施密德（Ulrico Schmidl, 1510—1579），德国殖民者。

② 佩德罗·德门多萨（Pedro de Mendoza, 1487—1537），西班牙贵族、殖民者，1520 年率手下建立布宜诺斯艾利斯。

如果说"阿根廷人都是乘船而来的移民的子孙"这句话成立，那么如今阿根廷的大多数居民就都不能算作阿根廷人了：丹尼尔·克拉奇指出的那 56% 的人口（参见"一个没有印第安人的国家"神话）。阿根廷人口中的极大一部分都是"混血种人"。在其他拉丁美洲国家的民族想象中，这些混血种人中的大多数都是"有印第安血统的混血种人"，这也成为各民族原始混合的一个范式。

可是在阿根廷，那些人却不被认为是"混血种人"。短短几年之前，"原住民"这个表述开始流行起来。相应的对策是把这部分居民也并进来，"漂白"他们，认为他们是"白种人"。而其他大多数人依然会被贴上"小黑头"或是其他后来出现的标签，例如"玻利维亚人"，或是简单地认为他们是外国人。

阿根廷人的身份问题就像是座迷宫，诱使我们走向不同的方向，然而"混血"的大门，欧洲人和印第安人的"混血"大门，依然紧闭。我们应该反思这种封闭现象。"融合"也好，混血也罢，都被禁止了。相反，我们却有"种族融合"的神话。可是只有部分种族可以进入那种融合的进程中，其他种族则会被排除在外。

我们是种族的熔炉

> 我们是多个"种族"的融合体：西班牙人、意
> 大利人、波兰人、俄国人……

在 20 世纪大部分时间里，阿根廷的学校都在教授这样一个知识点：阿根廷的人口是"种族融合"的产物。无数记者和知识分子说过类似的话。埃斯基埃尔·阿达莫维斯基[①]就曾表示：

> 在见过百年时期人们创造出了关于阿根廷历史的另一个伟大神话：关于"种族融合"的神话。这个神话暗示生活在阿根廷的所有族群，无论历史悠久与否，都已经完美地进行了融合，生出了新一代"阿根廷族人"，他们的血统被认为基本是完全一致的……人们认为所有种族都融合成了一个种族，但同时又表示那种新生的种族基本上

[①] 埃斯基埃尔·阿达莫维斯基（Ezequiel Adamovsky, 1971 ），阿根廷历史学家、政治学家。

是由欧洲白人血统组成的……"专家"关于阿根廷社会构成问题做的最主要工作就是重复上述神话，进而认定阿根廷基本是一个由欧洲移民、白种人组成的国家……甚至连全国人口普查的方式都是按照刻意忽视非白人族群的方式设计的。从19世纪末起，文学作品和戏剧也对上述种族融合的假象起到了推波助澜的作用。

在其他国家，例如巴西，也有人提到种族融合的情况。但是，巴西人理解的"融合"是指白种人、印第安人和非洲后裔的融合，然而在阿根廷，类似的"混血"已经被从"种族"的概念里剔除出去了，我们口中的"种族"指的不过是来自不同欧洲国家的人：西班牙人、波兰人、意大利人。这种"混血"的概念是很稀奇的。

根据这个神话的描述，我们阿根廷人都是乘船而来的。我们没有印第安血统。这种隐匿多元性的机制解释了为什么某位历史学家坚信圣马丁将军是一个瓜拉尼印第安妇女之子的时候，人们会认为这是桩丑闻。我曾于20世纪90年代末在乌拉圭河沿岸的科连特斯听到过圣马丁有个印第安母亲的说法。对于许多致力于研究这位民族英雄的人士而言，那种说法本身就自带某种想要摧毁阿根廷民族根基、混淆历史事实的恶劣意图，靠乌拉圭一侧的沿岸地区的研究者们的看法则刚好相反，他们认为那个说法证明了乌阿两国交界地区居民的联系是十分紧密的。不仅圣马丁有上述血统，那些居民自己也是印第安人和西班牙人的混血后代。

正如丽塔·塞加托指出的，在阿根廷存在着一个去民族化的进程，她认为"国家民族是以少数族群对立面的身份建构起来的"。属于少数族群的人受到来自政府的压力，他们"只有放弃原属族群，才能真正巩固阿根廷居民的身份"。学校的校服是白色的，印第安人使用的各种语言被排除在公立教育内容之外，强制兵役制度和取名方面的限制（不允许取被认为是外国人才用的名字）被认为是抵抗世界主义的良策。

从中长期来看，随着世代更替，去种族标签化的趋势逐渐加剧。那种趋势是与平权要求联系在一起的，它们始终建立在"阿根廷人"这个文化参数的基础之上。

政府施加压力，想要迫使人民表现得属于一个作为整体的种族，一次展现其高效的社会融合能力，那种压力意味着所有差异性和独特性都会被认为是负面的，或是直接被抹去，变成不可见的东西。

血统决定文化

> 信仰、价值观、道德感和智商是通过基因遗传的。纯正的阿根廷人都是白种人，他们以某种特定的方式谈论肤色问题。

您是白种人，黑种人还是黄种人？从这几种肤色中选择一种，然后站到镜子前。你会发现没有哪个人是完全符合上述分类的。我们的皮肤有独特的颜色。描述"中性"肤色的词是"穆拉托人"①，这个词想要描绘的是一种血统，但事实上在我们的语言里它却是在界定某种定义模糊的东西。请假想出一个大多数人口都是穆拉托人的国家。然后再假定在那个国家里并不存在"穆拉托人"之类的表述，上述那大多数居

---

① 即"黑白混血种人"。

民都被认为是"黑人"。那个国家是真实存在的：两个多世纪以前它得名"美利坚合众国"。19世纪时出现了许多和血统相关的审判：奴隶主和女奴生下的孩子应不应当获得财产继承权呢？答案不容置疑：绝不可能，只要他身上有"一滴黑人血液"，他就算是个黑人。"一滴血"如今在美国是很时髦的表述。事实上，美国人认为奥巴马是黑人总统，可巴西人就会认为奥巴马毫无疑问是个穆拉托总统。但是因为在美国人的语言里不存在"穆拉托人"的概念，奥巴马永远也不可能成为穆拉托人。

当然了，血统会建立某种联系性，例如可以让人们区分亲生子女和被领养的子女。血统本身代表着某种不容置疑的事实。同时，语言、神灵、被禁止食用的动物或归属感、教育水平和伦理观，都是不能通过血统继承的东西。血统中还隐含着其他一些不容置疑的事实。但是红种人／黑种人／白种人／黄种人尽管并非血统事实本身，却被认为是能够代表它们的定义。那些人"是黑人"，神话这样说道；这不是因为我们是这样看待他们的，或者我们以那种方式命名他们。那是一个圈套，不过毫不夸张地说，那是个具有政治意味的圈套。

　　血统还可以被规划、设计，以构建民族的概念。"漂白"计划，混血计划，最终策略，种族"清理"，拉丁美洲各国关于种族混血是好是坏的争论：想象中的血统被认为是未来继承性的保障，是重中之重。换句话说，肤色、血统所代表的身体特征在政治斗争中常常具有决定性意义。

　　最好还是别问 21 世纪全世界范围内存在的肤色和生活水平之间的契合度问题。统计数字表明该契合度是十分明显的。不同肤色的人的生命价值也存在着巨大差异，这很令人吃惊。史蒂夫·乔布斯去世时，流传起了又两个图像组成的笑话：一个被咬了一口的苹果和非洲。"一个人死了，所有人哭泣；数百万人死了，没有人哭泣。"在海地，能造成 20 万人丧生的地震并不罕见，同样里氏震级的地震在智利可能会造成1000 人丧命。关于肤色与生命价值之间的关系，只要看看卡特里娜飓风在新奥尔良造成的破坏或随便某张非洲撒哈拉以南地区的照片就够了。

　　我们这些阿根廷人在血统方面有一套自己的把戏。梦想中的国家，理想的国家，有规划的国家，被设计成白人占大多数的国家。这里是欧洲的飞地。欧洲实际上是亚洲的大西洋半岛。这片飞地是一个在血统和文化上非常统一的国家。神话是这么说的："占地就是管理。"占据荒无人烟的地区：一个移民国家把文明带到了这片土地上来。为这片残破的土地"输血"，没错，"漂白"看起来就是有计划地放血。

阿根廷人指的就是布宜诺斯艾利斯人，布宜诺斯艾利斯人指的则是白种人。剩下的阿根廷人，如果他们想当"阿根廷人"，就只能"被文明化"或被消灭。这里没有混血的可能。我们的"熔炉"，融合了由我们自己发明的种族：波兰种族、西班牙种族、意大利种族还有其他许多种族，它们的共同特点是都来自亚欧大陆。

这并不是说精英阶层就不存在混血皮肤的人；只不过在阿根廷，他们不可能被视作混血人。在进入特定阶层之后，当穿上得体考究的衣服，他们就已经被"漂白"了。不是所有的"白人"都是白种人，但社会就是这样运转的：历史、冲突、政治在制造定义、划分级别、谋求权力时，其根基都是血统。文化因素掌控着生物特征，也就是说，一个混血种人也可以被视为"血统纯正"的人。阿根廷人没有任何理由去当优秀的生物学家：他们是用自己的一套逻辑来看待别人的，而学校也是这样教他们的。人们看不到某些总统或精英身上的混血特征。因为"白人"不是生物学概念。它的概念更简单：它仅仅表示那人是我们的一员。在这片土地上，"黑人"的概念要更加微不足道，它矛盾地把一词多义现象和符号学内容融合到了一起。

在有些语言里，"黑人"只有耻辱的意思，对于讲那些语言的人来说，阿根廷人赋予那个词情感上的意义的行为可能会让他们感到恐惧。从"最近怎么样，小黑"，到"黑女索萨"①，在这个声称"没有黑人"的国家里却有一系列类似的表述，这些表述会让人生出亲近感。我们经常跟身边的人这么说：虽然这里没有黑人，可我们对他们却很关怀。尽管我们所有人都是所谓的"白人"。这些话与其他一些表述共存，其中与种族主义问题关系最密切的还得算"小黑头"。这些"小黑头"：是男？是女？

"灵魂黑人"：意思是某人哪怕从肤色来看不是黑

————————

① 指阿根廷著名女音乐家梅赛德斯·索萨（Mercedes Sosa, 1935—2009）。

人也不是混血种人，可血统决定了他的身份。"小黑人""狗屎黑人""黑娘们"：灵魂长在头脑里，头颅上长着头发，身体发肤又和社会境况有关。

由血统差异被定义的各群体难以理解彼此，他们之间的思维和情感差异巨大。他们之间的冲突在过去已经出现过无数次了，血统夹带着被附加到其身上的标签被一代又一代人传承了下来。那个空洞不是核糖核酸①：它是种意味深长的沉淀物。

我们身边可以被提及的黑人，无论是"黑头"还是"灵魂黑人"，都并非来自非洲。但是还有其他黑人，他们的确有非洲血统，他们是非洲移民的后裔，或者是穆拉托人，他们"被隐身"了。还有另外一些非洲移民后裔，他们刚到这里不久，正在了解我们城市中的每一条街道，我们沙滩上的每一颗沙粒。当久经训练的目光定格在那些躯体身上，"黑人"一词就有了另一层含义。"黑娘们"一词在本地的男性群体中，除了带有种族主义色彩之外，还带着淫秽的意味。在

---

① 核糖核酸（缩写为 RNA，即 Ribonucleic Acid），存在于生物细胞以及部分病毒、类病毒中的遗传信息载体。

电视剧《你一生的男人》(*El hombre de tu vida*)中，由吉列莫·弗兰塞亚(Guillermo Francella)扮演的角色本要诱惑一个巴拉圭女人，却失败了。由梅赛德斯·莫兰(Mercedes Morán)扮演的角色在面对那巨大的困难时抗议道："这肯定做不到，你太在意她的黑人身份了；不对，她要真是黑娘们你该疯狂才是；你烦心的只不过是她的棕色皮肤。"

如今，棕色皮肤的人也和其他许多人一样被视作黑人了，我指的是那些黑头发的人、穷人、工人，甚至那些如今工资很高，但是具有某些混血血统的人也是一样，他们希望摆脱贴在身上的歧视标签，但却始终做不到。不同族群所组成的世界之间存在着一个由某种定义填塞的孔洞，那是理解的边界，它割裂了我们这个国家。

5

文化神话

大家都认为每个国家都具有一种特定文化，或是理应具有一种特定的文化。前半句话斩钉截铁，但显然这只是种假象，因为那种情况可能不会出现：南斯拉夫文化是什么呢？如果说巴西文化是一种统一的文化，那么其多元性中的哪些因素应该被排除在外呢？后半句话承认了前半句话具有非必然性，但依然像是某种规则，向我们指出事情应该按照怎样的方向发展。换句话说，如果说西班牙具有一种特定文化（巴斯克文化，加泰罗尼亚文化，阿斯图里亚斯文化等等），那么要是实际上它具有多种文化，事情似乎就变得糟糕了起来。因为它理应只有一种特定文化。其他许多国家也面临同样的问题。

"一个国家理应有一种特定文化"，这个想法会引发某种恐惧。人们应当感到恐惧，因为这种思想会成为某些极权行为的理论基础，例如把人民同质化、强迫他们使用同一门语言、信仰同一种宗教、相信同样的某些想法。

通常情况下，在所有的国家里都存在着比政府愿意接受和容忍的种数更多的文化。几乎所有的国家又都有他们自己的"民族文化"神话。仿佛"民族文化"会让它们变得特别、独一无二，能够区分于地球上所有其他民族。

生活在同样的环境里，具有同样的历史经历，这会让人们生出某种近似的思维、感知和行为方式，认真研究这些问题没什么坏处，恰恰相反，是很有益处的。危险的是某些特定团体为了维护占主要比重的人群的既得利益，或是为了追逐权力，可能会灌输某种思想：民族文化的形式是特定的。如果所有的阿根廷人都是天主教徒，言下之意就是那些不信奉天主教的人就不是阿根廷人，或者至少不是真正的爱国者或者不能算是完全意义上的"国人"。同理，如果说阿根廷男人、德国男人或墨西哥男人都有很重的男子气概，"够男人"，那么同性恋者自然极具会被认为是异类或可悲的人（人们会希望把他们排除出"本民族"），不仅如此，所有那些在面对冲突、辱骂或战争局面时不愿意展现"男子气概"的男人也都会被排除在"民族形象"之外。我们阿根廷人已经对足球场内针对玻利维亚人、黑人或犹太人的种族歧视性歌声四起、裁判因而中断比赛的场景习以为常了。可是那些追求同质化的辱骂声已经完全被接受了，至少足球比赛已经被视为"够男人"的人才能玩的运动了。这是一种奇异的歧视概念。

总而言之，国家是文化统一体的想法把某些文化特征强加给了具有多元化特点的群体。

阿根廷的母国是西班牙

> 阿根廷和西班牙用的是同一门语言，"团结互助"是我们历史的关键词，我们是同一个家族的成员。

在西班牙和阿根廷的交往史中，的确有团结互助的时刻，但也有冲突、殖民和不公，**如今这段历史被描绘成了充满爱的历史，这着实令人惊讶**。阿根廷人在文化方面和西班牙人有许多相似性，这是毫无疑问的（当然了，在这方面我们比不过古巴或波多黎各）。从炮制神话的角度来看，团结、互助、文化合作、互为政治流亡地的历史自然要比征服和压迫的历史更有用处。

西班牙曾占领过这片土地，并且留下了深深的烙印。然而，21世纪的阿根廷并没有和西班牙有紧密的文化交流，至少不像与意大利、巴西、法国、乌拉圭或墨西哥等国的交流那样频繁。我们和西班牙共用同一种语言，这是事实，不过也不是百分百绝对的事情，众所周知，西班牙并非所有公民都把现在被称作"西班牙语"的卡斯蒂利亚语作为第一语言。注意：阿根廷也并非所有公民都把卡斯蒂利亚语作为第一语言。

把征服和殖民的历史偷换成"母语"这一概念本身就是一种神话式的操作（从作假的层面来看）。当然了，有些文化关系是足以超越政治和经济上的紧张关系的。但是我们回想一下西班牙对待阿根廷航空和其他私人企业的态度，有哪个母亲会这样对待自己的孩子呢？从某种意义上来看，这些事情都是在过去发生的，这是件让人高兴的事情，似乎伤疤应该已经长好了，可是马德里移民局拒绝接受阿根廷移民又该作何解释呢？很多西班牙人不欢迎"南美佬"来到他们的国家，这也是事实。两国历史上出现过团结一致的时期，例如西班牙内战后共和国人士逃亡至阿根廷，阿根廷经济危机时期受到西班牙资助，阿根廷被迫害者逃亡至西班牙。不过也有很多西班牙人至今仍生活

在一种神话之中，他们认为是他们给这片大陆带来了
文明。

我们应当面向未来提出关键问题，去想象合作可
能带来的最大的好处是什么：我们能够以母子关系的
比喻为基础来构建和西班牙的关系吗？建立在等级关
系之上的关系会是有益的吗？

我们还应该问这样一个问题：一个国家把殖民它
的另一个国家视作母亲，这样做有什么意义吗？事实
上，西班牙主义和亲西班牙思想依然是神话给我们
带来的影响，只要我们比起"拉丁美洲"来更喜欢
使用"西班牙语美洲"这个称呼，神话的影响就不
会消除。

如果我们真的想和西班牙建立积极的关系，从文
化和经济的角度来看，正视在过去和现在出现的以及
在未来可能出现的问题就显得非常重要了。在过去，
西班牙表现得并不像个"母亲"，在未来也很难持续与
我们"团结一致"。换句话说，真正的挑战是如何在两
国交往过程中获得更加平等的地位。

阿根廷是个天主教国家

> 所有阿根廷人都信仰同一种宗教。

根据《阿根廷首次宗教信仰及态度调研》[1]的统计，76.5% 的受访者表示自己信仰天主教。然而，在进行宗教活动最频繁的人群当中，占大多数的却是新教信徒，这与长久以来的社会认知差别极大。国内不同地区的调查结果显示出了极大的不一致性。在西北部，91.7% 的受访者表示自己信仰天主教，在首都和布宜诺斯艾利斯省该比例下降到了 69.1%，在南部，该比例进一步降低到了 61.5%。如果把受访者的年龄因素考虑在内，那么差别将更加明显。年轻人群信仰天主教的人数要比年长人群少得多。

该调研报告分析指出，存在着一种"宗教去制度化、信仰个体化的进程"。只有 23.1% 的人确认他们本人的上帝信仰是通过教会媒介实现的，而 61.1% 的受访者则表示"信仰是个人的事情"。76% 的阿根廷人

---

① 由福尔图纳托·马利马奇（Fortunato Mallimacci）及其他研究人员组成的阿根廷国家科学技术研究委员会—劳工调查研究中心（CEIL/Conicet）"社会、文化及宗教"领域研究团队设计。

表示自己很少或从来没有去过宗教场所。只有 23.8%
的人表示他们经常前往宗教场所，可在这一群体中占
大多数的却是新教信仰者。该调研报告证实，在现今
阿根廷社会，每 10 个信教程度很深的人当中就有 6
个信仰新教。

通过这些数据得出的结论与之前许多类似研究
得出的结论不符，后者通常认为天主教是在阿根廷占
统治地位的宗教。在一项针对大布宜诺斯艾利斯 ① 的
宗教信仰研究中，维罗妮卡·希门内斯·贝利薇尤和
患·埃斯基韦尔认为在该地区可以看出"天主教会
的绝对统治地位已丧失"，在这个日益多元化的社会
中，"大众宗教信仰也呈多元化状态发展"。该研究表
明，20 世纪 90 年代时一些不同宗教运动（五旬节运
动、灵恩运动、乌班达崇拜运动等）在披着传统宗教
外衣的形式下获得了广泛发展。

在其关于阿根廷宗教垄断转型情况的研究中，亚
历杭德罗·弗里赫里奥认为尽管天主教在个体进行宗
教行为的过程中没有产生足够大的影响，也没能在群

---

① 指布宜诺斯艾利斯自治市与周边卫星城组成的都会区。

体中制造出某种强有力的宗教身份，可它依然能够成为某种重要的"社会特征"。弗里赫里奥认为，阿根廷大多数人声称自己是天主教徒的事实并不意味着宗教对其日常生活产生了巨大影响："与其他那些主要身份特征不同，宗教可能只是一种次要的身份特征，只在个体生活的某些特定时刻才会发挥作用。"

探戈是民族音乐

和马黛茶及烤肉一样，探戈也是阿根廷的象征。

一个国家需要象征物。地点，人物，随风飘扬的旗帜。这些符号把一些人凝聚到一起，同时又将之与其他群体区分开来。一向如此，不仅国家是这样，种族群体、宗教团体也是如此。在未来，这种情况也不会发生什么变化。问题是在那些符号背后隐藏着什么，又是什么在起作用。阿根廷人一直在、以后也将继续讨论某些历史人物的功过问题：米特雷[1]、罗

---

[1] 巴托洛梅·米特雷（Bartolomé Mitre, 1821—1906），阿根廷总统、史学家。

卡 ①、阿尔贝蒂 ②、罗萨斯 ③、圣马丁 ④ 能否代表阿根廷？且让我们把这些争论留给历史学家去做，不过我们还是要指出下面这一点：提出问题，通过比较来回答问题，然后再把主导权交给历史学家，由他们来定义这个国家，这是种非常"阿根廷"的做法。

把我们和其他邻国区分开来的是什么东西呢？正如上文指出的，在很长一段时间里，强调邻国的印第安性和非洲性，同时突出自己的欧洲性，这种做法炮制出了一个强有力的政治神话（参见"爱国神话"部分）。当然了，宗教无法在这方面发挥作用，因为在周边所有国家天主教都是垄断性的宗教，而新教的发展也并非阿根廷社会独有的情况。我们想要的是一些清楚明了的象征物：我们的艺术，我们的教育或者至

---

① 胡里奥·阿根廷·罗卡（Julio Argentina Roca, 1843—1914），阿根廷总统、军人。

② 胡安·保迪斯塔·阿尔贝蒂（Juan Bautista Alberdi, 1810—1884），阿根廷律师、政治家、外交官、作家。

③ 胡安·曼努埃尔·德罗萨斯（Juan Manuel de Rosas, 1793—1877），阿根廷独裁者。

④ 何塞·弗朗西斯科·德圣马丁（José Francisc de San Martín, 1778—1850），阿根廷国父，南美独立战争领袖之一。

少我们的足球。这样一来，我们就能继续去寻找把我们和他者区分开来的象征物。有人会说：马黛茶。这时他可能会看到一群胳膊下夹着水壶的乌拉圭人行走在蒙得维的亚的大道上，或者看到一群巴拉圭人正捧着橙色的马黛茶杯用吸管饮茶。那就红酒吧，又有人说道，就好像别人不种葡萄似的，想想智利人、法国人、意大利人……

可是还有探戈！我们至少还有探戈！这是我们自己的发明，自己的创造，是属于阿根廷的，它把整个阿根廷都连接到了一起。是这样吗？你确定？探戈是一种以跨文化性为特点的舞蹈，它在19世纪末和20世纪初赋予了拉普拉塔河沿岸地区的特色。如今，法国人和日本人丰富了它，在布宜诺斯艾利斯还存在着探戈旅游产业。它是种独特、美妙、具有浓烈本土气息的音乐形式。难道这还有什么疑问吗？

同样可以确定的是萨尔塔人、科连特斯人或圣地亚哥德尔埃斯特罗人不会接受探戈作为**唯一**的民族音乐。把圣地亚哥德尔埃斯特罗与科连特斯联系起来，或者把图库曼或萨尔塔与科尔多瓦联系起来的并非探戈。当然了，我并不是说那里的人不喜欢探戈，绝对不是。但是在他们心中，属于他们的音乐应该是恰卡雷拉、恰马梅、桑巴、四重奏曲及其他的音乐形式。

把探戈当作民族音乐的想法与把布宜诺斯艾利斯文化当作民族文化的想法，其内在逻辑是一致的，是**要把布宜诺斯艾利斯文化凌驾于全国整体文化之上**。"民族舞"这一概念很多时候被用来降低阿根廷音乐多样性的特点，同时还会被用来描述所谓的"内陆地区"的音乐形式，而探戈则是与之相区分的舞蹈形式。如果我们想要理解布宜诺斯艾利斯的文化霸权地位是怎样建立起来的，不如先自问一下为什么恰马梅属于科连特斯，四重奏曲属于科尔多瓦，而探戈则属于全阿根廷人。要是出现了一个乌拉圭人，坚称自己是拉普拉塔河沿岸人，那么那个古老的争议就会再现，肯定会有人喊上这么一句："那你倒是唱一首加德尔的歌听听啊！"①

某些过分自尊的读者可能会问：那么烤肉呢？我得强调一下：没有哪个神话是讲求科学的。那么好了，烤肉，作为家庭、朋友或同事聚会时的必备菜，

---

① 卡洛斯·加德尔（Carlos Gardel, 1890—1935），探戈歌王。

是在阿根廷流传最广泛的习俗之一。有些地方习惯把牛肉切成厚块，其他地方则喜欢把牛肉切薄，所有资本主义社会似乎都喜欢这样分割东西（阿根廷是资本主义国家，这不是神话）。你可以选牛犊肉或小母牛的肉，然后还可以选臀部肉、肉条、牛杂碎、胸口膀、大片肉等。在某些地方还会用猪肉、羔羊肉、山羊肉来做烤肉。阿根廷所有地区的人，所有收入阶层的人，经常或偶尔会吃上一顿烤肉（甚至连生活在"东方省乌拉圭"的人也是一样，这时常会来提醒我们政治疆界有多么不完美）。不管是把肉穿在铁签子上烤，还是在某个公园的小溪边用保存得或好或坏的石砖搭起架子，把内脏放在铁网架上烤，或者是加上火炉，把肉排放在高度固定的烤肉器上烤……无论选择哪种形式，从文化的角度来看，我们都已经置身烤肉的世界中了。当然了，也有很多阿根廷人是素食主义者。但他们也总能和亲朋好友坐在同一个餐桌上吃饭，等待他们点的南瓜、圆椒或土豆，当然这些菜一般都会迟一点上桌。阿根廷的素食主义者们虽然不吃肉，但是也同样在进行着烤肉仪式。

那么，在烤肉身上我们确实可以找到某种共享的特点，当然是种不公平的共享。但这也无法把我们和其他同样热爱烤肉文化的国家进行区分。不管在哪种情况下，它都还是一种神话（从信仰的角度来看），只不过这种神话从思想变成了仪式性的实践，同时这种广泛的社会实践活动又具有极强的象征意义。

阿根廷是政治化的民族

按平均人数来看，阿根廷人热衷政治的程度比世界上其他任何民族都高。

"阿根廷是政治化的民族"，这句话到底想表达什么？最明显的意思是说我们阿根廷人很喜欢政治，比其他民族更喜欢。但问题依然没有解决：这句话可能是正确的，但"喜欢政治"又是什么意思呢？举个例子，奥唐纳（O'Donnell）30年前就曾对类似观点表达过认可，他当时在思考巴西狂欢节在阿根廷的对应活动是不是大规模政治活动。相比之后的几十年，当时示威游行的参加人数更多，气氛也更热烈。

那么是不是说：当时的人们更喜欢政治，后来这种兴趣消失了，然后又在最近几年重新出现了呢？我们得区分三件事情：周日餐后时刻，自愿发起抗议活动的能力以及组织政治活动的能力。所谓"周日餐后时刻"是个比喻，它比喻的是人们就政治话题进行讨论和争论，不管是在吃烤肉时、喝咖啡时还是喝啤酒时。人们很难将某种在当时乃至当下都未被研究过的政治现象的各阶段进行对比。就我个人对拉丁美洲地区的观察来看，这里的人对日常政治事件的关注度要大于其他国家。不管怎么说，这里的人总是能嚼上几口"政治三明治"。之前，人们热烈讨论政治话题，想要解决阿根廷未来面临的问题，也许这种情况已经消失了，不过人们也赢得了一些东西：大概阿根廷人已经发现，那种方式无法改善阿根廷的"命运"。

阿根廷人的政治参与度总能令我其他国家对政治感兴趣的朋友生出某种（健康的）"嫉妒感"：圣周①，2001 年 12 月②，马克西米利亚诺·科斯特基（Maximiliano Kosteki）和达里奥·桑蒂廷（Darío Santillán）被杀事件③。相反，那些知道阿根廷不

① 指曾爆发叛乱的 1987 年圣周。

② 指阿根廷在 2001 年 12 月爆发的严重的政治、经济和社会危机。

③ 指 2002 年 6 月 26 日在阿根廷阿韦亚内达省发生的警察杀人事件。

能成为最好的国家，但依然努力竞技想在所有运动比赛中为阿根廷赢得哪怕最糟糕的奖杯的阿根廷人肯定会抗议任何上述类型的赞美。不过，要是拿我们和某些群体面对本国政治事件时展现出的相对冷静的态度相比较，那么似乎"喜欢政治"似乎又变成了某种值得赞誉的事情了，如哥伦比亚层出不穷的政治暗杀事件，巴西或墨西哥曾发生的大屠杀。那会让我们变得"政治化"吗？从这个角度来看，确实会，但是不要就此认为政治参与对集体命运的建构能起到什么重要作用。与此同时，我们对政治的失望也并没有限制我们的政治参与度。

最近几十年里，曾发生过三次军人参政浪潮。在20世纪80年代，也就是阿根廷刚刚恢复民主的那些年里，一股新的拥护军人统治的浪潮出现，它随着那句"节日快乐"①以及梅内姆主义带来的失落感而消解，直到达尼洛·马尔图塞里（Danilo Martucelli）和玛丽斯特拉·斯瓦姆帕（Maristella Svampa）所谓的"空广场"现象以及哈维尔·奥耶罗（Javier

---

① 阿方辛总统在1987年圣周叛乱期间的名言，起到了安抚群众的作用，被视作阿根廷民主进程中的重要时刻。

Auyero）命名的"穷人政策"出现才告终。相反，到了20世纪90年代，社会学家们开始到政治之外去寻找政治性：摇滚乐、足球或其他文化表达方式。2001年和2002年出现了一股新的社会军事浪潮，这次出现在了从社区组织到失业者工会组织的基层组织中。有不少关于那段时期的研究（例如奎罗斯［Quirós］、费劳迪·古尔托［Ferraudi Curto］、格里姆森［Grimson］和塞鲁迪［Cerrutti］的研究），人们可以借助它们来理解和讨论新型组织的思维逻辑。在最近几年，尤其是在政府和所谓的"农村地区"之间的冲突加剧、内斯托尔·基什内尔[①]逝世之后，第三次浪潮出现了：青年人群在参与政治活动方面表现出了更加积极的态度，在知识分子中间也产生了新的与之相关的争论话题。

然而，在当下，任何介入政治的行为都会招致疏远和怀疑的目光。实际上，人们介入政治很多时候并不是为了给自己谋求什么特权，而是因为他们相信自

---

① 内斯托尔·基什内尔（Nestor Kirchner, 1950—2010），阿根廷律师、政治家、总统。其夫人克里斯蒂娜·费尔南德斯·基什内尔（Cristina Fernández Kirchner, 1953—　）系阿根廷历史上的第二位女总统。

己能在某些具体的方面做出贡献；当然也有一些人会直接搞起政治交易来；但是普通大众从来不会对这两种人加以区分。那种充满怀疑的距离感既是去政治化的产物，也是它的诱因，但却不能证实我们的政治本质是坏的。但是，谁知道呢，也许有那么一天，人们的态度会发生转变，"餐后时刻"重新属于大多数人，进而为我们国家的命运发展做出贡献。

6/

首都 VS 内陆的神话

从 19 世纪初到现在为止，如果说有什么东西始终如一、已经变成"经典"，应该算是首都和内陆地区的对立了。"内陆"，是对应港口、对应首都而言的。文明与野蛮的两分法在阿根廷历史上为祸不小，阿根廷知识分子们对此议论不止，在其背后隐藏着欧洲化的中心城市和文化、经济及政治方面所谓的广阔落后地区之间的对立状态，阿图罗·豪雷切①认为阿根廷人做出的所有蠢事都出自文明与野蛮的两分法，而玛丽斯特拉·斯瓦姆帕也就此主题奉献出了一项卓越的研究成果。

布宜诺斯艾利斯的问题借由该种托词变成了全国的问题：除了近年来国有媒体之外，大部分媒体都会把二者混为一谈，从气温到布宜诺斯艾利斯地铁问题都是如此。相反，门多萨或卡达马尔卡的气候问题或其他问题就只是个案，是地区性的事务。艺术家们只

---

① 阿图罗·豪雷切（Arturo Jauretche, 1901—1974），阿根廷作家、政治家、哲学家。

能在布宜诺斯艾利斯取得成功，从首都发出的声音就代表阿根廷，其他地区的文学、音乐和知识分子都被认为只能表达一些与当地相关的事情。这种不公正现象一直存在。这是我们的民族思想之一，它也引发了不少相应的后果。

与此同时，每个省份内部也流行着同一种两分法。在省会发生的事情就代表全省的情况，其他"内部"地区则只是特例，这与全国的情况何其相似。

在我们试图以其他更加公正平等的方式思考和行动时，那种象征性的两分法就变成了一种真实存在的巨大障碍。首都 / 内陆的对立不仅制造出了那种不公正性，还让人们很难理解和接受被那种简单化的对立局面所否定的空间：大布宜诺斯艾利斯，它既不是首都本身，又不算内陆地区，而其中居住着阿根廷 1/4 的人口。因此，把布宜诺斯艾利斯"正常化"，承认在那里发生的事情也和其他地区一样是地区性事件，对于讨论阿根廷全体居民的平等问题而言是必要的先决条件。

如果像预期的那样，接下来的几年里，各城市和各省份的多样性突显了出来，那么上述困境的其他面也将随之显现。其中之一就是：我们在决定加大宣传发生在阿根廷偏远地区的事情时，如何避免所谓的"异域风情"喧宾夺主。此外，如果每个人打开电视机都可以看到自己居住地区的天气情况，那么其他人真的会对全国 24 个省份的天气都感兴趣吗？在这，如何才能真正使得布宜诺斯艾利斯在文化层面上与其他地区平等化，同时让更多元的声音发散出来呢？

上帝无处不在，但住在布宜诺斯艾利斯

> 阿根廷的强大之处都浓缩于布宜诺斯艾利斯，而真正的阿根廷则存在于内陆。

阿根廷在经济和政治上分为首都和内陆。从中央集权派和联邦派时期开始，从庇隆主义和经济危机前就已出现的内陆移居潮开始，首都和内陆就因为关税和税收等问题对立了起来，人们讨论最多的话题是：哪里才是最适合总统办公的地点。

在阿根廷历史上的大部分时期，**首都 / 内陆的对立也体现着阿根廷的分裂**，它具体表现在政治分裂上。在最

初几十年里，布宜诺斯艾利斯的关税问题等标志着一个新国家的诞生，然后它变成了一个持续性的冲突问题。

无可争议的是，对于一个希望发展更平衡的国家来说，那种对立造成了诸多失败后果。时至今日，对于共和国的每一项计划，它都是最令人不安的潜在威胁之一。在这种威胁的阴影笼罩之下，出现了一个新的社会空间，大布宜诺斯艾利斯，那里居住着阿根廷近1/4 的人口，可是**从严格意义上来看**①，它既不属于首都，也不属于内陆。

在赋予全国公民更大的社会和政治公正方面，"首都—内陆"神话造成了三个问题：将首都（某些区域享有阿根廷最优越的城市经济生活条件，但也有贫民窟）视为无差别的整体，将内陆（既有贫困人群，也有享受着极大特权的人群）视为无差别的整体，把上文提及的那全国1/4 人口"隐形化"。

最重要的一系列问题是：对于广阔"内陆"地区的具体情况视而不见，这种做法为何会持续至今？我们

---

① 原文为拉丁文。

在面对中央集权化的政治文化时为何办法不多？为何那种放任自流的态度会以炮制"所有布宜诺斯艾利斯人"这样的神话式表述作为补偿？"在权力过度集中问题上，所有布宜诺斯艾利斯人都有错"和"所有居住在布宜诺斯艾利斯都市区域里的人都**默认**[①]自己是布宜诺斯艾利斯人"，这是两个如今非常流行的神话。

布宜诺斯艾利斯人和科尔多瓦人、库约人、科连特斯人一样，成分很复杂，在布宜诺斯艾利斯，人们看待其他省份的目光也多有不同。当然了，"忽视"是个关键词。不过"忽视"也并非布宜诺斯艾利斯人特有，在外省也存在这样的问题。在许多省会城市和非省会城市之间也存在着首都/内陆的对立状态，这种状态会在公共政策和其他领域表现出来，有时还会被首都的媒体报道出来。

布宜诺斯艾利斯人统治着这个国家

所有布宜诺斯艾利斯人都是中央集权派，所有

[①] 原文为英文。

中央集权派都是布宜诺斯艾利斯人。所有总统也都
是布宜诺斯艾利斯人。

"布宜诺斯艾利斯"是个布满陷阱的定义。这并非
偶然现象。这个定义可能涵盖那座城市，也可能涵盖
那个省份：300 万人，1500 万人。别忘了除此之外
我们还有个"大布宜诺斯艾利斯"。人们在提到里约热
内卢、墨西哥城或纽约的时候不会问"你指的到底是
哪儿"。一座城市的疆界应当是很清楚的。布宜诺斯是
个拥有 1300 万人口的大都市区。然而实际上生活在
大布宜诺斯艾利斯中的绝大多数人口并不是布宜诺斯
艾利斯人。

这个神话，试图把存在于阿根廷的最大的权利错
误合理化。在首都 / 内陆的经典两分法中，人们否认
大布宜诺斯艾利斯的存在，可是那里居住着 25% 的
阿根廷人，同时人们在那里的生存条件和其他一些省
份的偏远区域一样悲惨。把这些人不加区分地视作整
体，并将之与类似的神话联系起来，这样做抹去了握
有权力的布宜诺斯艾利斯人和数百万城郊居民的差异
性，也进一步导致他们无法摆脱悲惨的生活境况。假
设惩罚布宜诺斯艾利斯人把权力集中到自己手里的做

法会同时惩罚那数以百万计生活在城郊的悲惨人群，我们就能看到不加区分地把所有人视为某个整体的神话意味着怎样的道德隐患。在布宜诺斯艾利斯省生活的 1600 万人贡献了超过 1/3 的全国生产总值，可是议会中具有投票权的人只有 4% 来自这片地区，那个省份的人只能获得略微超过 20% 的共享分配资金，这几个事实间存在什么关联吗？居住在城郊"次等区域"的那些可怜的阿根廷人和追求集中权力的布宜诺斯艾利斯人有什么关系呢？难道不是所有阿根廷人都应当享有同样的权利吗？

这种局面背后隐藏的是对阿根廷的历史的否定，阿根廷以某种方式设计了铁路路线，使得土地财富过度集中了起来；同时还要指出的是出身自布宜诺斯艾利斯的总统们并非唯一要对这种政策负责的人。

科尔内略·萨维德拉 ① 并非出生于布宜诺斯艾利斯。他来自今天属于玻利维亚的地区。如今来自那个

---

① 科尔内略·萨维德拉（Cornelio Saavedra, 1759—1829），在拉普拉塔联合省时期（1810—1827）曾任执政委员会主席，彼时拉普拉塔地区已经获得了实际上的独立。

国家的移民总是会不无骄傲地说道："你们国家的第一任总统是我们玻利维亚人。"我们可以做一项统计，看看到底有多少总统是布宜诺斯艾利斯人。不过读者肯定明白，真正的问题不在于数量，而在于那些人都是谁，因为同样是总统，吉多①、坎波拉②很难和庇隆相提并论。好吧，请允许我直截了当地指出一个事实：萨米恩托、罗卡、庇隆、弗朗迪西、伊利亚、阿方辛、梅内姆、德拉鲁阿、杜阿尔德、内斯托尔·基什内尔、克里斯蒂娜·费尔南德斯③都不是布宜诺斯艾利斯人。看上去无论是问题根源还是其解决方法都与出生地无关。有人可能会说"不管他们是否出生在布宜诺斯艾利斯"，他们都被那座城市的政治氛围感染了。历史交给我们的答卷可能正确，也可能错误。但是这种想法本身就已经把出生地和政治立场区分开了。也就是说先天条件是一回事，后天变化是另一回事，人们是可以选择不同的选项的。

---

① 何塞·马里亚·吉多（José María Guido, 1910—1975），1962 年至 1963 年任阿根廷总统。

② 埃克托尔·何塞·坎波拉（Héctor José Cámpora, 1909—1980），1973 年 5 月至 7 月任阿根廷总统。

③ 均为阿根廷历史上具有高知名度的总统。

有两个阿根廷

> 内陆与首都，文明与野蛮，本土与异域，真实
> 与虚假。

这是个很流行的神话。它的力量集中体现在下面
一系列的悖论上：存在着一个深刻的国家，一个肤浅
的国家；一个真实的国家，一个**爱出风头的**[①] 国家；
一个本土化的国家，一个异域化的国家；一个传统的
国家，一个现代的国家；一个土里土气的国家，一
个国际范儿十足的国家。这个神话以一种不完美的方
式压倒了首都和内陆二分法的神话。和首都／内陆神
话一样，哪怕经过极端简化之后，它背后也隐藏着许
多东西。它证实了我们国家的历史满是不平等和互不
理解，因此我们的历史上出现了许多戏剧化的时刻。
它还证实了我们国家总喜欢盯着发达国家看，却不清
楚自己内部的复杂性，也不了解生活在这片土地上的
情况各异的居民的利益所在。我们的政治力量就体现
在那种醉心攀比的幻想上。因为如果大家认为阿根廷
不那么好、不那么民主，它也许就会向更小的团体靠

---

① 原文为法文。

拢，或者至少就不会再紧盯着发达国家了，那么争论也许就会变得更简单一些了。

阿根廷人对于这个国家有各种各样的看法，但大部分人的态度都处于中间位置，在他们身上，"发达国家幻想"和"拉丁美洲主义"总是交织在一起。有些人带着"向上平等"的幻想，认为所有人都能融入"文化"之中，他们认为所有人都将和他们一样，信仰同样的神，喜欢同样的音乐、书籍，拥有相同的思想和生活方式。强烈抱有发达国家幻想的人和坚定支持拉丁美洲主义的人总想着让其他人变得"文明化"。但是处于那两种思想中间位置的人们会提出问题，很多问题都恰到好处，那些问题涉及具体的事例、具体的局面。如今，很少有人依然相信本土化或现代化是简单可行的出路，或者认为应该在这两方面持激进的态度。并不存在所谓的"真正的阿根廷"。如果它存在，它既不属于白人，也不属于黑人，应该属于混血种人。他们思想中的阿根廷是那两种阿根廷的混合体，不会像其中任何一种那样简单化、不随时间而改变。阿根廷的特点是：哪怕许多人大喊着存在着两个阿根廷，大部分人也只会饶有兴致地欣赏那场争论，而不会怀有类似宗教热情的情绪参与到争论之中。

　　我们拥有的是分裂的神话，而非一种简单的分裂现实。比起一个分裂的国家来，具有悲剧效果的是我们自然而然地相信我们处于分裂的状态之中。我们这些生活在"两个阿根廷"中间、生活在二分法中间地带的人要比居于那种二分法两端的人更多。这无关中立与否。它涉及的是我们的一系列"幻想"：一个更加平等民主的社会，政府会保障所有人的所有权利，公立教育全面普及，它们很难被简单归结为传统与现代、农村与城市、首都与内陆、好与坏、朋友与敌人的对立。

7

无辜社会
神话

在阿根廷，我们和"责任"一词之间存在着一个问题（或许不止一个）。我们的历史和当今时代里所有负面的东西，现实生活中所有令人厌恶的东西，都简单地被归因为他人的错误。"其他人""他们"，那些人可能是军人或移民，也可能是政治家或警察，还可能是国际货币基金组织或经济部长。姑且回到我们看待足球的方式上：我们**赢了**一场比赛或世界杯，但却在国家队队员或教练员身上**输了**。胜利是第一人称复数，而失败却是第三人称。

当有人试图询问在一系列特别许可和私有化进程之后，梅内姆于 1995 年再次参加大选的原因时；当有人询问 1976 年的军事独裁是否有民众基础时（这还不算在那之前发生的一系列军事政变），我们总能听到这种呼声：不能让那些执政者撇清责任。压根就不需要呼声，因为公民的责任和总统的责任无法混为一谈，我们也无法将那些建立集中营的人和那些在该局面下保持沉默的人进行类比。

如今，责任已经厘清，司法行动也已开启。反人类罪的内容和那些无罪的情况已经十分清晰了，那么阿根廷就应当开始进行一场更加深刻的讨论了。一方面，那应是一场文化讨论，来讨论我们是不是真的可以把一切问题都归咎到"他人"身上，来讨论我们阿根廷人自己做了什么，这需要我们不断面对我们的习惯中深刻的负面现象。另一方面，还应进行一场关于过去和当下的政治讨论，来深入讨论、精准辨析我们称之为"社会"的东西，看上去生活在其中的人都是平等的，但实际上还存在着很多阶层，比如机构、公司和组织，还有那些"只靠步行的人"①（这是记者马里奥·万菲尔德 [Mario Wainfeld] 的说法）。

每个地区或每个职能部门承担起自己应担的责任，这是个很关键的问题。某些行动或方针是否受到社会的支持并不重要，明白这一点之后，另一个问题又会随之而来：哪怕参与到了某些事务的进程中去，"只靠步行的人"的参与是否起到了什么效果。认为政治就是上层人的事，政治就是一个又一个阴谋诡计，这种想法从政治角度本身来看也意味着某种危险。除

---

① 指普通人。

此之外，它还是错误的。

一个被墨索里尼囚禁的有名望的意大利人早在八十多年前就已证明：常识对于政治来说异常关键。那人名叫安东尼奥·葛兰西①，而我在这本书中对阿根廷与常识相关的神话的批判之灵感有部分来自他的著作。明确每个人的责任不会阻碍对阿根廷文化中的诸多老问题的讨论。

"我被他们害惨了""是他们的错"

> 不守规矩的司机，随处可见的小偷，混日子的工人，在这些人面前，我们都是可怜的受害者。如果所有人都和我们一样，这会是个多好的国家啊！

一个少年找不到他的手机、MP4 和 10 比索现金了。他心想："我被他们害惨了。"他觉得自己心里缺了点什么：就像罗萨莉亚·温诺库尔（Rosalía Winocur）所言，丢失手机就像是我们丢掉了灵魂中

---

① 安东尼奥·葛兰西（Antongnio Gramsci, 1891—1937），马克思主义理论家，意大利共产党创始人之一。

的一部分，通讯录，人际网络。他绝望了，就像成年人一样。他认定自己被偷了：他绝不会认为是自己忘带了，或掉在了地上，又或是放在了其他抽屉里。

曾经有一对夫妇，他们搜查了女佣的口袋，找到了 20 美元，于是认为她偷了他们的钱。可最终却发现钱是被他们儿子偷走的。

这些神话发展过程中的关键一环是"非参与性"。也就是说，问题总是其他人或其他家庭，其他社区或其他社会阶层的人造成的。俗话说得好："我们能看清别人眼中的一根稻草，但看不到自己眼中的一根梁木。"

我们假想有这么一个人，他特别缺乏安全感，而他曾经经历过极其糟糕的事情。他惧怕发生在现实中的事情。我们再来设想一下，为了让自己平静下来，那人购买了一栋私人别墅，为了表现心中涌出的自由感，他送给自己十岁的儿子一辆四轮车。你不必去费心想象这个小孩子开四轮车的场景，因为完全可以在布宜诺斯艾利斯的沙滩或大布宜诺斯艾利斯乡村的浴场里见到这种场景。在"非参与性"的奇特机制影响下，那些小孩子仿佛天生就不会引起别人的不安全感，他们不会让自己的弟弟妹妹感到不安，他们自己也不会感到不安。

这种事情怎么可能是真的呢？它源自一种文化机制，富裕阶层的任何行动、任何游戏都不可能造成不安全的后果，他们只会是不安全行动的受害者。如果那些孩子伤害到别人，那就可能是车子的问题。如果他们把一个深色皮肤的穷孩子轧死了，就像卢克莱西娅·马尔特尔（Lucrecia Martel）的电影《无头女人》（*La mujer sin cabeza*）中的情节，那也只会是一时大意。可如果过错是"我们"（我们中的一员）犯的，那肯定是搞错了；如果错误是"其他人"犯的，那就是因为**他们本性如此**。

现在我们再来想象一下，一个国家的行事方式和那些父母一样，又会如何呢？我们阿根廷文化中的一部分，可以说最糟糕的部分，就是这样发挥作用的。

腐败的是别人

问题就出在政府豢养的那群偷盗犯身上；别人

敢给，他们就敢拿。

魔幻事件：没人给受贿的人行贿。搞腐败活动的人都是"别人"。腐败政客滥用公共资金，这是一回事。相反，某些公司给某些公务员行贿，那么我们所谈论的就是有两方参与的事情。从来没人行贿？受贿的人有过错，这一点是肯定的。

我曾听说过这样一件事：有一位开漂亮双牵引皮卡的女士，她觉得阿根廷"让人难以置信""没救了"。为什么呢？看上去她开车有点猛，总是急刹车，还喜欢随意停车，于是收到了许多罚单。按理说她得去交罚款。可是一个"好心"的工作人员教了她如何应付这一局面。于是她只缴纳了一小部分罚款，当然了，她也很"好心"地给那位工作人员塞了钱。阿根廷总是有这么多好心人，我们互相帮助，这可真是太好了。只不过这样的国家是没有出路的。

那位女士在理解生活方面有一套自己的哲学：每个个体总是会想方设法最大限度利用自己的金钱。如果政府不加强管理，人们就会想方设法逃脱处罚，或是行贿。都是政府的问题。因此，由于政府在这方面不会发生改变，所以阿根廷"没救了"。可如果这位女士到埃塞萨机场去，然后随便飞去哪个国家……她可能就会好好停车了，也会如数缴纳罚款。

当然了，我们的确需要政府在各个层面上做出改变，可是真正没救的是这位女士和她的欺骗行为。阿根廷社会中极大一群人就生活在这种欺骗之中，他们嘲笑一切可以暗箱操作、践踏法律的事情。当笑声消逝，这个神话就将碎成粉末了。

向贪污的警察行贿的是谁？向海关的工作人员、颁发驾照的工作人员行贿的是谁？当对方不接受贿赂，又是谁会感到错愕？被这种陋习伤害、进而改变对阿根廷看法的又是什么人？

面对这种把存在于阿根廷中的大小关系摆上台面的事情，很多人奉行着双重标准。他们会严格、通透、严厉地评价他人的举动，把他们称为"偷盗犯"。可又会对自己的行为表现出理解、宽容、柔和的态度。

这种双重标准流行于阿根廷大部分地区。巴勃罗·怀特（Pablo Wright）就曾表示，阿根廷人在面对规则、权威和政府时持有的那种根深蒂固的反叛文化也会体现在道路安全方面。但是，面对政府随意制定的政策和威胁生命的交通时，"反叛"带来的后果是截然不同的。在开车时，"反叛"可能会造成别人甚至自己死亡。巴勃罗·怀特表示，交通安全问题和文化联系在一起的原因是关于风险、消遣和偶然性的想法都与文化沾边，"与即兴行为、速度、男子气概、反体系的卑劣行为相关的被全社会接受的价值观（尽管在法律中没有相关描述）"也一样，它们都会滋生社会欺诈行为。

阿根廷社会是无辜的受害者，罪魁祸首是政府

一小撮经济学家、政治家和军人破坏了阿根廷社会、文化和制度的发展力，阿根廷社会是受害者。这个社会善良、诚实、一致。那些耍阴谋诡计的当权者是坏人，和这个纯洁的无辜社会毫不匹配。

这个神话成立的前提是有个同质化的社会。整个社会在面对某些负面的或灾难性的进程时都表现出了反对或至少中立的态度，例如梅内姆主义或军事独

裁。人们在提到类似的政治时期时总习惯表现得像是一伙歹徒突然出现后行凶一样。无辜的反面也不成立；认为一切都是阴险邪恶的阴谋诡计，这也不是事实。这只是想把复杂的判断过程简单化。在前一种想法中，社会是个天使；在后一种想法中，社会变成了魔鬼。不过两种想法都用到了同一个词"是"。"阿根廷社会是……"这个句式本身就宣布了我们是在面对一种神话。

我们必须理解各种历史进程。如果说有某个时期绝大部分阿根廷人都完全无辜，那就是 1989—1990 年恶性通货膨胀了。通货膨胀是阿根廷历史上反复出现的问题，但是，那些年里出现了某种经济恐怖主义的局面，物价可以在短短几天或几周内翻倍，在短短数小时内就能出现的恶性通货膨胀或货币**日常**贬值改变了所有与时间相关的概念，尤其是现在和未来，任何预测或计划都没开展的可能。当时，每天都在重复出现的场景是：消费者不断与超市里工作人员"竞赛"，要抢在再次改价前买下东西，他们发现自己面对的是一个让人眩晕的局面，尽管他们手里有钱，可是每分钟能够买到的东西数量却在下降。

如果说在恶性通货膨胀爆发前，兑换性问题没有出现的土壤，那么我们就需要研究一下为何阿根廷人在考虑兑换性问题之前先想到货币美元化的这一无可争论的事实了，那种想法曾经是滋生出某种共识的关键因素，而货币美元化的共识直到那场前无古人的经济危机降临之后才告破灭。有这样一则信息：在1999—2000年间（此时已经进入全面倒退期了），"贬值"这个词一直是种巨大的政治禁忌。在那两年里，连某些最激进且尖锐的经济学家，也只是提出我们需要考虑"在交易类型方面提供更多选择"（他们明显是在拐着弯说话）。

恶性通货膨胀的经历变成了恐惧的幽灵，它创造出了种种条件，驱使大部分阿根廷人或通过投票、或听之任之支持建立兑换体系。1998年经济衰退期开始后，人们花了三年多时间才提出这样一个问题：恶性通货膨胀是否只会在一个一半人口都受失业影响的国家出现。

有人会批评说这样的论述等于撇清了梅内姆主义的关系。事实刚好相反，没有任何严格的分析会抛开梅内姆主义不谈。问题在于这种无可辩驳的控诉还不足以回答下列问题：为什么梅内姆可以连任成功？为何他使得全国人民达成了共识？为何反对派在取而代之之后却坚称或假装坚称会继续奉行同一套经济模式？忽视最后这个问题对于我们国家的发展是不利的。

因此，20世纪90年代，"经济"主导国家发展的神话和其后出现的"政治"主导国家发展的神话都是假的。如果经济真的有"决定权"，阿根廷肯定早在1998年进入经济衰退期时就已从兑换性问题中跳脱出来了。就像玛莉亚娜·埃雷迪亚（Mariana Heredia）指出的那样，为了让那些正统的经济学家把他们的那些如绝对真理般的经济思想强加过来，为了让那些思想继续在许多年里维持某些本就难以维持的东西，就需要一种强有力的文化。之前的经历在阿根廷人身上——具体说来，在阿根廷民族政治文化上面——种下的恐惧、紧张的幽灵给理智的经济思想安上了栅栏。于是一小撮只代表少数人的利益、爱冒险的经济学家获得了推行其理论的通行证。矛盾的是：针对恶性通货膨胀幽灵的困难重重的驱魔行动最终导致一种新的可怕的历史经验出现了。

那么，1976年军事政变爆发时，阿根廷社会又扮演了怎样的角色呢？如果说那只是一小伙军人对抗全体阿根廷公民的意志，恐怕不可信。举个例子，在乌拉圭，工人们就曾针对1973年政变发动了大规模示威游行。我们需要考虑在诸如1976年军人政变这样的事件中，阿根廷社会是否达成了某种共识，社会中广泛的人群是否积极参与或消极默许地纵容了那些进程的发展。

政变和独裁都只有军人参与

> 1976年3月，政变突然爆发：没人知道该作何反应。

如今，研究界倾向于认为，在1976年军事政变爆发之时，阿根廷社会各界达成了广泛的共识，其中包括数个政党、正义党的某些要员、教会高层、企业公司、工会组织、大型媒体和广泛的公共民意（马科斯·诺瓦罗 [Marcos Novaro] 和维森特·帕勒莫 [Vicente Palermo] 对此进行过研究）。3月24日，对于已经在20世纪不同时期多次"敲响军营大门"的许多政治组织而言，在政治暴力盛行及"罗德里加索"①的大背景下，民主已经远非不可剥夺的准则了，但却没人晓得即将爆发的国家恐怖主义会达到什么程度。当时的那种社会共识比人们现在记忆中的或做好准备去接受的还要更加广泛。可是那种情况却持续了数年之久。乌戈·维塞蒂（Hugo Vezzetti）曾写道：

> 我们应当记住，当时的政权实际上是受到公民—军人支持的，组成政府的政治家来自各主要政党，且不缺少教会、企业、媒体和工会的支持。因此，在我们重归民主之后，把那段时期的阿根廷社会视为受到强权压迫的受害者是非常片面的，要知道独裁政权和外国占领是很不同的，军事政变粗暴地干预了政府和广泛社会领域的运转，而这与许久之前就出现在阿根廷的政治传统、政治行动和政治表现不无关联。

吉列莫·奥唐纳（Guillermo O'Donnell）曾罗列出对军事独裁时期人们行为和态度进行再评价

---

① "罗德里加索"是 1975 年 6 月 4 日由时任经济部长塞莱斯蒂诺·罗德里格（Celestino Rodrigo）颁布并施行的一系列经济政策及其结果的统称。

的不同方式以及围绕着那个时期如"颠覆"或"秩序"等关键词出现的不同思想。《复调：极权主义与民主化文选》（*Contrapuntos. Ensayos escogidos sobre autoritarismo y democratización*）中收入了一系列在马岛战争战败后进行的访谈，当时军事政权正处于全面崩溃阶段，这些访谈展现出了那些曾支持"3·24"政变、之后转而批判它的许多人的前后不一的言论。

维塞蒂坚持认为"1976年军事政变在当时是被阿根廷社会广泛接受的，尽管很多人并不打算承认这一点"。他补充道："最大的问题是政府和社会各阶层中的许多人在很长一段时间里集体侵害了人权，要不是许多人积极参与，更多的人沉默纵容，那场政变是不会成功的。"

奥唐纳解释说如果不是因为社会大多数人按照其意志行事，那时的独裁极权政府是不会完成其既定目标的：

> 只靠军人和那届政府中的官员，哪怕加上狂热的专制制度，它也不可能掌控如此多的琐碎细

致的事情。要想做到这一点，只能靠整个社会进行自我监控：更准确地说，有许多人——我不知道有多少，但肯定为数不少——虽然没接到官方委任，却出于自己的意愿去助纣为虐了，可能因为他们觉得自己是在做正确的事，可能是他们接受了专制制度强压下来的所谓的秩序，他们相信只有这样才能避免1976年之前的"混乱局面"再现，于是他们积极又热情地进行他们的'专制'行动。他们变成了"看门犬"，接受了（他们曾抵触的）压迫者灌输的价值观，我们会发现，他们很多时候做了许多超出那个极权制度要求他们做的事情。

奥唐纳同时指出，到了民主时代，人们也会感到"痛苦"，因为"人们不得不承认之前存在的不只有残酷的专制政府，还有在那些年里比政府更加残酷和专制的社会，而许多人就默许这样的局面持续下去"。奥唐纳不仅坚持认为，那个残酷又专制的社会对于独裁政权的持续有关键性意义，而且强调说我们应当承认那些令人痛苦、让人反感的往事，承认"看门犬"的存在，承认发生过屠杀、检举、邻里监督，承认有"你别馋和"或"终归是有原因的"等言辞，只有这样才能建设新的民主社会："无论是个体还是集体，如果想对这些微型的恐怖历史视而不见，只能付出一切否定的代价：我们无法在镜子中直视自己的双眼，只有这样才能逃避重新塑造身份和价值观的可能性，这种可能性充满痛苦，却也同时充满创造力，这样可以帮助我们避免重复犯那些极具破坏性的错误。"

的确如此，如果我们寻求不去将邪恶社会神话与无辜社会神话做对比，就必须理解那些局面被加以解读时的历史条件。也就是说，要理解阿根廷政治史上，尤其是自1955年五月广场轰炸事件发生之后"暴力"那日益增强的中性化角色。这样一来，就会出现另一种我们必须避免的抉择局面。一方面是"两个魔鬼理论"，它将政府及其机构该为自己做出的暴力恶行所负的责任与人民群众犯下暴行后该负的责任混为一谈，在法律和道德层面上这是胡扯一通。另一方面，政府犯下的罪行是危害人类的，因此在追责方面不应受到时效的限制，与此同时公民群体犯下的罪行自有刑法约束，因此不能在那两种完全不同的暴力行为中间找平衡。

实际上，在近些年里，许多不同的研究——如维拉·卡尔诺瓦莱（Vera Carnovale）、马丁·卡帕罗斯和爱德华多·安吉塔的研究——都想要搞清楚为何军人政客和游击队组织能够做出他们做了的那些事情。应当指出：一个接受和乐见政治暴力的社会，一个拥有漫长的暴力史且在 1976 年政变之前二十年内暴力行为愈演愈烈的社会，自然会成为独裁统治时期出现的暴力活动的温床。贝亚特丽斯·萨尔罗（Beatriz Sarlo）在《激情与例外》（*La pasión y la excepción*）一书中十分明智地自问为何她本人和其他无数人会在 1970 年读到佩德罗·尤金尼奥·阿兰布鲁[1]遇刺的新闻时感到高兴。很明显，在文论、文学和电影领域，一场更加复杂的平衡活动已经拉开了序幕。最近一个例子就是莱奥波尔多·布里苏埃拉[2]的《相同的夜晚》（*Una misma noche*），这本书值得一读，因为它向我们正在批评的那些思想发起了猛烈的攻击。

　　如果我们把"军事独裁"的名号换成"公民—军人独裁"会怎样呢？也许一个神话就会土崩瓦解了。

---

[1] 佩德罗·尤金尼奥·阿兰布鲁（Pedro Eugenio Aramburu, 1903—1970），阿根廷政治家、军人，于 1955 年至 1958 年间任阿根廷总统，1970 年于布宜诺斯艾利斯遭绑架并被杀害。

[2] 莱奥波尔多·布里苏埃拉（Leopoldo Brizuela, 1963—2019），阿根廷作家、翻译家、记者。

8/
愚蠢国家神话

17—18世纪，自由主义诞生于以个体自由对抗君主国家的思想，它在法律和政府面前推动了平等权利的进程。在公民生活方面，自由主义面对的是窃占国家权力、把某些生活方式强加给人民的保守主义思想。且让我们来谈谈自由主义的两种可怕矛盾，因为它们直接影响到了我们阿根廷人。第一，认为提倡低政府干预度的某些原则可以在21世纪初的当下推广开来，就好像我们仍然身处18世纪末一样。可别忘了那个时候的"平等权利"在法律层面上是不包括女性和奴隶的：平等只属于少数人。第二，认为个体自由只能与经济上的绝对自由主义共存。事实上，只有在施行正确的公共监管制度的地方，自由才存在。

我们阿根廷人进行的诸多争论都脱胎自那个古老的思想母胎。对于每一种寻找"母胎"的思想来说，它们要做的任务自然应该是区分自由主义做出的正面贡献和它的那些深刻负面的影响。

那么我们就来想想 1983 年的阿根廷。政府想要掌控所有人的生活：它推行的是父权式制度，禁止离婚、自由堕胎和购买某些特定物品。修正国家对私人生活的干预是一种与最好的自由主义传统相关的任务。但是自由主义者们还要求政府不干预经济，允许进行"自由贸易"，让市场自由运转（当然了，在要求政府"拯救银行"或由国家支付私人外债时例外）。在阿根廷，自由主义特别体现在经济领域。自由主义关注的主要问题是寻求言论自由和公民的个体生活自由，可是当这些诉求迁移到经济领域时，问题就出现了。有名的"鸡舍中的狐狸"的比喻就适用于这种情况，它把下面两种情况画上了等号：一是经济生活中公众监管的缺失，二是最有权有势者掌握了自由，通过自由掌控生产资源和话语权、自由污染环境、自由吞并和诠释公共利益的方式来侵害公民。

虽说二者的表现方式各有不同，可极端自由主义奉行的是激进的，也是反政府主义理念。婚姻平等、性别平等都是自由主义传统中积极而民主的方面，此外它还捍卫所有公民的示威权。可是，我们很容易证实阿根廷的政治传统收回了那些权利，那种传统拒绝自由主义的其他主张，认为达到平等和谐生活的唯一方式就是让公民监督的各种方式变得制度化起来。

经济上的自由主义者们曾经和现在都在进行教化宣传活动，这些活动造就了诸多不同的神话。他们坚持认为政府—国家的模式已经过时了，在全世界范围内都已经失去了活力，同时认为政府没有能力高效地把控经济或国有企业。于是他们推论出对于私人经济良性发展而言，政府只会是个障碍，他们还拿出许多经过歪曲的国际案例，进而炮制出了愚蠢国家的神话。

理想化市场和辱骂政府是同一枚硬币的正反两面。一方面，把言论自由（所有人都能讲他们想讲的话的权利）与自由经济的思想（按自己的意愿制定员工工资，都能辞退他们想要辞退的员工，无限制的企业集中度①）联系起来，这就是自由主义神话，另一方面，在实践中，**正是在阿根廷捍卫经济自由主义的那群人发起了政变，侵害了人权。**

———————————

① 即垄断。

政府处于消失的进程中

由于全球化的影响，或是由于市场的胜利，在不久的将来政府将变得无足轻重起来。

世界变了，如今政府受到外部强有力的限制，这是事实。那么好了，面对这些限制，不同的国家政府以不同的方式做出了回应。有些严格地推行了新自由主义改革。另一些则引入了新自由主义的重要变种，如乌拉圭就将其与私有化进程联系到了一起，智利在控制资金流动方面的表现也是一例。还有些国家走的是其他道路，如推行工业保护措施、强化国内市场等。在新自由主义的诸多变种之中，最不讨喜的做法是否定自我、把新自由主义作为"唯一选项"。排除异见和冲突的举动只会导致本国政治想象力衰退。

奥斯卡·奥斯拉克（Oscar Oszlak）的研究表明，综合考量管理水平与人口及国内生产总值的关系，2000 年左右阿根廷政府是全世界规模最小的政府之一。主要指标有三个：公共就业情况、公共开销情况、国家机构数量。正如奥斯拉克所言，**区分弱势政府和缺席政府是很重要的：前者指的是政府的规模，**

后者指的是政府不发挥作用。如果政府不再履行职责，不再为社会中最贫穷的阶层提供福利，也不再插手经济事务，那么我们就认为它"缺席"了。

一方面，判断政府"缺席"的最重要指标是它无力遏制贫富收入差距过大问题，于是社会中资源最少的那些人只能自生自灭。然而，正如奥斯拉克所言，新自由主义的政府弱势化实际上是"让政府的作用通过其他方式进行延续：从近几届军人政府时期开始日益加强的去集中化进程在 20 世纪 90 年代发展迅速，它改变了国家政府与次国家行为体的联系方式，把后者变成了本应由国家机构管理、监督、协调的政策和计划的执行者，只不过后者不如前者一样强势"。

在世界上的许多国家中，作为与社会发展、财富再分配和居民福利紧密联系的制度实体，政府的作用已经弱化了，而且在持续弱化中。这是种以不同方式表现出来的趋势，当然也有例外。尽管存在多样性，新自由主义却"卓有成效"地推动了不同版本的"福利国家"的崩坏。这是种可以逆转和改变的历史现象。这一点很重要，因为它证明那种新的理念并不牢靠，也就是说这种趋势不足以证明政府已无法再扮演社会协调员和核心关键机构的角色。

另一方面，首先，有必要区分政府的"社会职能"和压制职能。因为如果真的许多国家的政府在社会保障方面已经不再有所作为，那么这也不足以表明它在履行国家的压制与掌控的权力方面也弱化了。大部分国家都维持着它们的武装力量、安防力量，还有一些国家在这些方面不退反进。人们能够发现，在许多国家，在引发政府的社会职能弱化的社会和政治危机中，政府的压制职能依然保持强力。

其次，阿根廷的例子证明在新自由主义改革中，也许政府职能在某些方面会弱化，但是在其他方面则会得到强化。最明显的例子就是发生于2001年的"银行冻结存款"（el corralito financiero）事件。政府有能力冻结全社会的存款，这种能力在发达国家强力政府身上都很罕见。同时，在整个20世纪90年代，阿根廷政府通过前所未有的援助政策扩大了其影响力。可是这些政策完全不足以中和社会衰败问题，20世纪90年代发生的事情证明国家监管的特点发生了变化，然而我们不能说政府职能弱化或消失了。

换句话说，作为掌控全国领土的制度性实体，政府既没有消失也不可能在接下来的几年里消失。然而，可以发现在政府不同职能之间的联系方面出现了一种戏剧性变化。事实上，被马塞洛·卡瓦洛奇（Marcelo Cavarozzi）命名为"中心—政府"的"母胎"的缺失并不能证明政府已经发展到了尽头，它只能说明根据区域、竞争领域和时机的不同，政府的效力和干预方式也千差万别。

在戳穿政府弱化已不可避免的神话时，在质疑政府将要消失的判断时，一场政治争论又重新出现了，人们强调说那些论断只不过是藏在神话式话语背后的政治公式罢了。

政府无法有效管理企业

> 由于腐败、无能、心不在焉，政府在管理企业方面十分失败。

这种思想流行于 20 世纪八九十年代的阿根廷：公有企业在公共服务业（电话、电力、自来水等）的糟糕表现使人们极度轻视政府的公共管理能力。这种局面作为特定历史和经济环境的产物，再加上经济危机的影响和自由主义经济倡导者们做出的种种具体干预举动，更加坚定了群众的想法，他们认为私人管理总是比公共管理更好。这种思想氛围为卡洛斯·梅内姆政府推行广泛、令人眩晕的私有化进程提供了便利。事实上，在梅内姆执政时期，所有公有大型企业都在很短的时间里被私有化了，而且在那期间并没有出现大规模的社会抵制声浪。

时至今日，虽然私有化热潮已经过去，时间也已经证明私人管理和政府管理相比可能会生出一样或更多的问题，而且在某些案例中其造成的损害是不可修复的，可阿根廷社会里的一部分人依然相信公有企业的效率比不上私有企业，他们进而认定政府永远都不应该插手管理企业。

认为公家永远比不上私人，这种想法与新自由主义理念紧密关联。信奉新自由主义的经济学家们指出了公有企业效率不足有两个主要原因。第一，从理论上讲，公有企业是属于所有公民的财产，实际上它们却由特定的公务员来管理。普通大众哪怕是"股东"，也没有能力和兴趣去控制那些管理企业的公务员。这样一来，那些企业就往往不会被正确管理，运转过程会出各种各样的问题，进而造成经济损失。第二，公有企业由于实际依然是国家财产，每当出现亏损、濒临破产时就会得到财政的特殊资助。因此，它们从来就不会面临预算限制的问题，所以会在很长时间里带赤字运转，积恶难除。

剑桥经济学家、经济发展研究专家张夏准指出，这两种被用来攻击公有企业的论据实际上在私有企业身上也适用。在现代资本主义社会中，大型公司通常也会把股份进行切割，分散到许多小股东手中。可是这些公司不是由数千个所有者管理的，而是由花钱雇佣的**经理们**管理的。这样看来，私有企业的管理问题和公有企业非常类似。

就第二点来说，战略性领域的大型企业在濒临破产时往往也会接受国家的援助。这些企业提供的就业岗位、它的活动在经济领域的重要性都迫使政治家们在它们行将垮掉时出手相救，因为必须避免出现失业潮和复杂艰难的金融局面。张夏准举了汽车业巨头克莱斯勒的例子，它在 20 世纪 80 年代初就接受了里根政府的救济。在最近一次经济危机期间许多美国大型银行也是如此。不过，要想观察这类救济事件，可以看看近三十年的阿根廷历史。20 世纪 80 年代初，时任中央银行行长多明戈·卡瓦略（Domingo Cavallo）用国家资金支付了阿根廷数家重要企业的债务，他的理由是：如果不这么做，那些企业就要破产了。

另一个可以驳斥公有企业低下论神话的依据是全世界范围内取得巨大成绩的公有企业数量庞大。如今，无论在富有国家还是贫穷国家都有着数不清的由政府管理的企业，其中不乏表现突出的案例。尽管英国在近几十年里推行自由主义政策，却依然存在不少重要的公有企业。其中最有名的可能就是英国广播公司（BBC）了，它是世界最具影响力的新闻媒体之一。新加坡航空是整个航空市场上被估值最高的航空公司之一：它同时还是由国际航空运输评级组织 Skytrax 评出的六家五星国际航空公司之一，在它长达 35 年的运营史上从未亏损过。

拉丁美洲的情况又如何呢？这里也有一些由政府主导管理的领头企业。也许其中最突出的是巴西最主要的能源企业巴西国家石油公司（Petrobras），这家有限公司最大的股东就是巴西政府。近年来的发展使得它不仅能够保证巴西在需求巨大的时期获得足够的能源供应，还大大助力了巴西在相关领域的调研及开发行动。巴西国家石油公司与巴西多所大学及国内外多家企业合作投资了众多调研和技术革新工程。这些还只是世界范围内取得成功的公有企业的少数几个案例。[①]

　　和预想的一样，此时又出现了另一种论调：公有企业可以取得成功，但是在阿根廷永远不可能。在我们国家，公有企业糟糕的管理带来的恶果最终抹杀了它在阿根廷经济史上曾做出的重要贡献。

　　如今，阿根廷同样拥有数家成绩斐然的公有企业。INVAP 公司就是其中之一，它主攻核能源、航天、

[①] 再举个例子，在法国，公有企业分布在不同的领域：邮政领域（法国邮政，La Poste）、能源领域（法国电力公司，Electricité de France）、机场领域（巴黎机场，Aéroports de París）等。有关巴西公有企业推动石油及天然气工业发展的情况，参见 http://www. petrobras.com/es/magazine/post/cerebros—made—in—brazil.htm。新西兰经济在最近几十年里取得了长足发展，政府管理着航空、铁路、邮政以及多个能源领域的重要企业。——原注

医疗技术革新等关键领域。近年来，它向澳大利亚出口核反应堆项目，生产的人造卫星已投入使用，还变成了唯一一家有能力生产航空运输二次雷达的企业。INVAP 现有 800 名员工——80% 是专业人士和高级技师，通过销售获益、自负盈亏。这家公司的例子是很引入注目的，因为在阿根廷，私有企业大多只将收益的极小一部分投入研究和开发中。

看上去 INVAP 似乎只是阿根廷公有企业大环境中的一个特例，可是它却清楚地证明了公有企业绝非必然不如私有企业高效。

私有企业运转高效，公有企业漫不经心

> 如果某家机构干净整洁，待人彬彬有礼，运转十分高效，那么它显然是私有企业。

有些刻板印象是以个人经历为基础的，但哪怕如此它们依然是刻板印象。有些人在参观我供职的公立高校时会认为它是私立院校。由于建筑新潮美观，员工对学生很好，教师非常认真，于是那种偏见就出现

了。如果某所高校不是无序迟钝的，那它肯定不会是公立高校。如果它有序高效，它肯定是私立院校。如果它的发展计划脚踏实地又具有创造性，那它也不可能是公立高校。

这种经验改变了人们的视野，决定了人们的思维方式：只要某个机构运转不畅，它就是公立的。火车、飞机、银行……相反，有无数案例（不仅在阿根廷）可以证明"私有"绝非高效或其他正面价值的代名词。

医疗和教育领域出现的状况正是几十年来缺乏公共事业投入政策带来的恶果，这些政策在慢慢摧毁公立事业。作为结果，中上阶层和上等阶层的人更愿意在私人医疗、教育和安保机构投入大价钱。很多时候他们的投入要比他们交的税还多；还有的时候比他们逃的税还多。他们以这种方式保证自己的金钱都花在了自己身上，而非用于再分配。

人们认为在罗斯公园漫步的体验要好过位于城市荒凉南部的美洲印第安人公园，这与"私有／共有"的两分法无关，而与布宜诺斯艾利斯的资源空间分布不均的现状有关。实际上，这一问题要更加严重，因为政府可以通过公园、交通、医疗或教育来制造社会不公。事实上，公立事业本应为改变这种局面贡献力量。在阿根廷的许多城市，最受欢迎的中学是大学的附属学校，因为大学可以保障附属学校的教学质量。那些学校都是公立的。有些私立学校是你永远也不会想要把孩子送进去的。还有些私立银行，你绝对不想在那里开会，也有些私人公司对客户态度极差。然而，所有这些经验都没有在我们这个社会里形成"私有的都不好"的刻板印象。

那么，真的会存在高效的公有企业吗？正如我们提到的那样，INVAP 公司、之前的阿根廷航空、阿根廷 YPF 能源公司（国有）或布宜诺斯艾利斯大学出版社（Eudeba）不就是很好的例子吗？

这其实是没事找事：公有或私有并不意味着高效或低效，美丽或丑陋，盈利或亏损。准确地说，它们的差别应该体现在目标和社会功能方面。如果说私有产业的运营逻辑是谋求利益，那么公有产业则相反，它们应当清楚自己的职责：制造市场无法产出的平衡性，以全球化的视野来运作，对抗社会不公。实际上，将公有产业私有化——这称得上是一种腐败——

正在逐渐抹去对于社会公平化和民主化起到基础作用的产业的合法性。保障公有产业在社会生活的核心领域的合法性不仅是一场对抗激进思想的斗争：它还意味着在那些进程中进行效率对比的可能，它有助于阻止那些符合特定人群的利益但低效运转的产业大行其道。

在那些政府寻求绝对掌控经济——甚至连理发店和面包店也不放过——的社会里，社会和经济的和谐、可持续发展根本无从谈起。私有产业发展需要空间，但前提是不能抛开整体化的视野和作为补充的公立性政策。

我们应当模仿那些发展势头良好的国家

如果我们真的想振翅高飞，我们就得模仿那些发展势头良好的国家的模式。总的来说，它们能够发展得好是因为满足了国际市场的需求、限制了政府对经济的干预力度。

在阿根廷，经常能听到最有名的经济学家们说这个国家发展的要点就是简单地按照发达国家的道路去走。"我们应该去做那些严肃国家做过的事情",这句话被中右翼人士重复得尤其频繁。按照这个观点,那些在经济上获得成功的国家或组织(例如美国、欧盟和日本)就一定推行了自由主义、私有化、政府对经济去监督化的贸易政策。

张夏准在他最近出版的著作中表示,许多建立在上述论据之上的"历史事件"要么半真半假,要么就完全是虚假的。我们今天称之为工业国家的那些国家在数十年里推行的都是保护主义政策,给本国商品提供补助、监督外国企业的收入,还有其他一些从全球化历史观的角度来看十分荒唐的政策。根据张夏准的研究,自由主义经济学家们坚持认为自由贸易是那些龙头国家取得成功的原因,可实际上那些政策不是在它们富起来之前推行的,而是之后。

美国就是个很好的例子,从林肯执政时期到第一次世界大战该国推行的一直都是十分保护主义的经济政策。实际上,那时美国针对进口工业制品征收的税率为 40% ~ 50%,是当时世界征收关税最高的国家之一。在接下来的几十年里,关税壁垒下降了一点,但还是维持在高点。直到第二次世界大战结束后，美国才放开了经济，变成了自由主义经济的捍卫者。英国是另一个好例子。张夏准指出，英国只是在取得了比其竞争者强得多的技术优势后才开始推行自由贸易政策。

在日本和韩国的发展过程中，政府的参与度也很高，这两个国家在 20 世纪也的确取得了快速的工业发展。如丰田、三星、大宇和现代等企业如果不是受到了各自政府的资金扶持及政策保护，是不可能发展到今天这种程度的。当然了，作为回报，那些接受资助的企业要完成政府制定的中期和长期发展目标（彼得·埃文斯 [Peter Evans] 和艾丽斯·阿姆斯登 [Alice Amsden] 的研究指出了这一点)。

在回顾历史之后，张夏准表示"在工业化之初，没有足够的私有资本足以冒险创办大型企业，于是大多数今日已成为富国的政府（除了美国和英国）出资创办了许多企业"。**经济一旦发展起来，发达国家就"抽走了梯子"，建议最穷的那些国家推行自由贸易政策，可它们自己实际上却是靠保护主义政策和混合经济发家致富的。**

人们应当也能够讨论当今世界可行的国家保护政策该达到何种水平。可是人们不该忽略其他种类的发展进程，或是不重视具有高竞争力的思想，而且不设计政策来将那种思想转化为现实。

如果想要企业发展起来，我们就需要明确的规则

> 为了刺激私有经济发展，最好的举措是政府保持最低限度的监管，甚至不制定规则。政府干预永远都是私有经济发展和私人投资的障碍。

如果存在某个可以分析政府角色的领域，那就是它与企业家的关系。企业家在阿根廷社会中的形象一向不好。众多的舆论调查指出，大部分阿根廷人对企业家都抱有负面印象。这些评价无疑受到在阿根廷近些年历史上重要商人角色的影响。不同的研究成果（如豪尔赫·舒瓦泽[Jorge Schvarzer]、爱德华多·巴苏阿尔多[Eduardo Basualdo]和安娜·卡斯特亚尼[Ana Castellani]的研究）指出，阿根廷私有经济的发展并没能带动整个国家经济的发展，反倒是令它停滞了下来。那些最大型的企业开展的活动与经济教

科书里描述的革新型企业的做法大相径庭。教科书中的企业都很有进取心，它们会通过投资和革新提高竞争力，阿根廷的情况则不同：许多企业竞争力低下，甚至毫无竞争力，在技术革新方面投入很低，滥用职权、腐败现象等频发。

公共政策对军事独裁后新经济力量的孕育产生了显著影响。尽管 20 世纪七八十年代阿根廷经济发展状况糟糕，可政府提供的便利还是使得企业及经济组织的数量大幅增长（依据舒瓦泽的研究）。阿根廷大型企业并未经过技术革新等基础方面的竞争，而是通过获得**准特权资助**（乌戈·诺齐特夫 [Hugo Nochteff] 语）的方式发展起来的。这些由政府支出的政策性资助使得受资助企业变成相应市场中的垄断寡头，以此掌控物价、利润和服务水平。根据诺齐特夫的研究，金融精英阶层选择了"软选项"（以制度性特权为基础），抛弃了"硬选项"（进行大额投资和技术革新）。

20 世纪七八十年代，阿根廷最大规模的企业集团可以优先享受产业升级优惠政策。这项政策给予投资额大的企业不同程度的好处，进一步造成了经济权力的集中，少部分企业获得了更大程度的发展；总之，在商界内部，一个新的小圈子得到了巩固（参见爱德华多·巴苏阿尔多和丹尼尔·阿斯皮亚苏 [Daniel Azpiazu] 的研究）。①

为了分析这种"公私合谋"现象及其对数十年来阿根廷大公司发展情况的影响，安娜·卡斯特亚尼提出了"资本积累特权环境"（APA）的概念："指相关私有企业获得额外的制度性特权以及政府给予的其他非制度性资助的空间。"正如卡斯特亚尼和塞拉尼指出的那样："对阿根廷案例的分析可以清楚地展现出在近几十年里某些直接或间接资助企业的国家政策和某些大型企业的经营活动之间的邪恶联系，这种联系使得一小部分企业集团在国内外市场上获得了大额的利润。"

---

① 巴苏阿尔多和阿斯皮亚苏认为："统计表明，某些企业集团全部或部分（通过与资本的其他组成部分的联合）控制着五十项大型投资计划中的三十五项的资本（两位作者的研究基础是国家层面给予的优惠政策，而非各省份给予的优惠政策），涉及金额高达 35.74 亿美元，占大规模投资计划资本总量的 70%。"如想进一步了解优惠政策对某些企业集团发展的重要性，可关注以下企业的发展情况：Celulosa Argentina 公司（参与了上文提及的五十项计划中的六项）、Alpargatas 公司（四项）、Bunge y Born 公司（三项）和 Garovaglio y Zorraquín 公司（三项）。

　　然而，我们质疑的这个神话坚持认为本土企业的这种露骨的寄生虫式的发展模式是由本土企业家的特点决定的。在某些案例中，该神话甚至提出解决阿根廷经济问题的一个妙招就是用一波更具竞争精神的企业家把现有的企业家全都替换掉。

　　正如安德烈斯·洛佩斯（Andrés López）所言，我们不能把阿根廷企业家的行为与政府的经济政策或阿根廷的金融环境割裂开来。企业家行为不是某种天性，也不是基因继承的产物，而是针对周围环境做出的选择。研究 20 世纪后半叶发展良好的那些国家的专家们都不约而同地突出了政府及私有企业发展政策的作用。在某些国家，政府政策创造出了一批获得短期发展的企业，而在另一些国家，政府政策则创造出了许多具有革新精神的企业，它们成为国家发展的基础组成部分。

　　甚至在同一个国家里，政府政策和投资环境的变化也可以将一个靠扶持的企业变成具有竞争力的企业。韩国就是个例子。20 世纪 60 年代以前，韩国的国有企业大多集中在工业领域，它们创造出的价值极低，而且与政府保持着依附关系。朴正熙（Park

Chung-hee）上台后开启了工业化进程，推动工业制成品出口。甫一执政，他就把该国最重要的某些企业的所有者以贪污腐败之名关进了监狱，然后以更加强势的姿态和他们进行谈判。政府颁布了严格的制度，通过各种政策来刺激企业家（信贷、税金优惠和投资激励措施），以此促使他们完成国家下发的经济任务。

我们听过太多关于那些亚洲经济猛虎的颂歌和奇迹，上面的例子证明我们两个地区在历史、文化和发展背景方面存在诸多差异。同时，这个例子还说明，如果改变某些经济和政治条件，经济活动的主人公们的行为方式也就会发生转变。和其他国家经济活动的主人公们一样，阿根廷的企业家们既没有不可改变的经营天性，也没有某种特殊的 DNA。

9

税务神话

我们已经清楚了，根据神话的说法，阿根廷社会配得上人们的怜悯，因为它在 20 世纪经历了独一无二的灾难，那场灾难是其他遭受过不幸的国家所无法比拟的。阿根廷人这种全面的无知也体现在了他们对税收的看法上。一个"良好公民"会抱有怎样的想法呢？他们希望政府把他们上交的所有税款都花在帮助他（或她）及其家人身上，还希望政府能够特许他们不必缴税。可这显而易见是不可能实现的。

税务神话的内在逻辑与无辜社会神话看待自己肩负责任的态度相似。于是立刻出现的喊叫声是：富人们和拥有最多东西的人应该最先纳税，这种观点是正确的，不正确的是借此来搞乱公民应该如何纳税的讨论以及"他们的税款"与他们想要建设的社会之间关系的讨论。因为如果民主意味着公平法律、同等投票权以及平等的一系列权利，让社会变得更加平等或更加不平等的就是税务问题。

税务问题和收入不均有什么关系呢？且让我们在

这里重拾一个常见的问题：劳动者收入中的多大一部分能给到他们手中，又有多大一部分会跑到企业家手里？由此生出了所谓"收入的功能性分配"的说法，在许多政治演说里，这种说法会以目标"五五开"的形式出现。就这样，所谓公正就变成了使劳动者和企业家能够顺利取得各自一半收入。但是，在这两个群体内部，情况又如何呢？可能有 10%～20% 的劳动者能获得更大收益。因此，社会学家和经济学家通常会把社会分为 10 个部分（十分位），这样就能够分析高收入部分和低收入部分的关系了。每个个体或集体都可能根据自己的收入水平进行定位，于是通过那种关系我们就可以观察到不公正现象。

那种关系就像是一种将动态化为静态的摄影术。但是此外还有两个关键性因素：税务体系和公共支出。这就意味着在一个社会中可能存在三套摄影术：首先是如何分配收入；其次是税务政策如何影响分配；再次是公共支出如何影响分配。当税务帮助减少社会不公问题时，人们就称之为进步体系。反之，则被称为退步体系。也可以用这套方法来评价公共支出问题。如果它促进了社会正义的发展，那么它就是进步的，反之则是退步的。

在阿根廷，唯一一个纳税的蠢货就是我

> 在阿根廷，只有我们这些少数天真的人才纳税；那些机灵鬼、大鱼总能想方设法避税。

如果不能说成百万上千万，那起码也有成千上万的阿根廷人认为在这个一贯不按规则办事的国家根本没人纳税，就算有，也只是些或愚蠢或天真的人。最近，我们与亚利桑德雷·罗格（Alexandre Roig）共同完成了一项研究，在该研究中罗列了与税务相关的种种社会理念，其中包括许多我们阿根廷人自创的理念。有企业家认为许多大型企业的老板不交税，很多人在逃税，"还有我们这样一群傻瓜，我们每次都按时申报、按时纳税"。

还有一系列理论与"民族文化"相关，将之与发展前景联系到了一起。就这样，核心问题又变成我们习惯违抗法律的老文化了，它似乎变成了我们阿根廷各种问题的本源。举个例子，"进步的国家都遵循法律规定办事""文明程度最高的国家、最有秩序的国家中的居民全都按法律要求纳税""社会组织的最大象征物就是税务"。也许其他国家的人也会认为：有这种想法

的国家肯定是最遵循秩序的国家。可是阿根廷却不是按照这种模式运转的。阿根廷人可能嘴上挂着承担公民责任之类，可是为了不成为"唯一的傻瓜"，他会在实际操作时背道而驰，因此变成了将阿根廷和那些"文明国家"隔开的沙海。

在阿根廷人的平等幻想里，平等之中也有特权，关于这一点我们在此不展开讨论，不过那种不想当"唯一"的想法足以使某人跳脱到社会秩序"之外"。从这个意义上来看，存在一群只要不是"唯一"就愿意缴税的人竟成了值得称颂的事情了。所以我们经常会听到有人说："所有人都应该纳税，但前提是逃税不再是一项'国民运动'""必须终结'机灵鬼'文化"。

那么好了，在这样一个以增值税为税收主体的国家，尽管收入税和财产税有所提高，可是对于那些富有群体而言，这些税款依然不算很高，于是有两个问题就跳了出来：首先，所有居民都在缴纳某种类型的税，因为他们总要购买需缴纳增值税的某种商品；其次，这种纳税方式就是一套退步体系，因为它造成了更多的社会不公问题。

对于一些经济学家来说，提高收入税和财产税，再加上工资扣除和其他手段，使得阿根廷的税务体系既算不上进步，也算不上退步。然而，逃税文化已深入人心，仅从收入税逃税问题上就可见一斑，根据何塞·努恩（José Nun）的研究，至少有50%的阿根廷人曾逃避缴纳收入税。

我们交的税都被贪污犯卷走了

> 想想缴税带来的好处，似乎我们每个人都应该缴税。但是我们这些普通公民缴纳的税款却塞满了政治家的腰包。

我们阿根廷人在纳税问题上总会感到不公平，这是多种原因造成的：觉得自己实际纳税额比应该纳税额要高，觉得我们纳税的钱没有被有效利用，觉得公共资源让私人腰包鼓了起来，人们不知道财政资源都被用到了什么地方，因为大家认为自己没有得到应得的好处。

在我们与罗格进行的那项合作研究中，某些受访者指出了我们之前提到的道德义务和纳税义务之间的自主性问题。一个来自萨尔塔的宗教人士指出："基督教伦理观早就告诉我们了，若法律不公正，那么它就没有约束力。"这不是说人们就不该纳税，而是说纳税义务应该建立在公正和合法的基础上。另一位来自科尔多瓦的宗教人士则坚称："当法律和伦理发生冲突，人们始终应当倾向后者。"他说道："在这样一个存在着结构性不公问题的世界里，某些社会义务，例如纳税，必然会引发争议；如今的百万富翁、有钱有势的人，很多都逃税，他们都是一群厚脸皮。"门多萨的一位宗教人士在被问及税收问题时也表示："我认为当今社会既没有白人也没有黑人，我们周围都是'灰种人'，我们应该从里面找出更'亮灰色'的人……我也在做同样的事情。面对社会不公，我也会虚与委蛇。我纳税，但是不会缴纳他们让我交的所有税款。"

一位来自拉普拉塔地区的企业家提到了一个经常被人提及的话题：纳税就要亏钱。这引出了另一个问题："如何逃税？在这样一个缴税就意味着'养肥别人'的国家，肯定要思考如何避税。因为很不幸，在这里，受到惩罚的总是缴税的那些人。"

就这样，政府和税收政策成为不道德的代名词。不仅是因为贪腐问题，还因为它们惩罚了纳税的人。其他受访者补充说，政府只会通过掌控消费过程来向穷人征税，可是那些有钱人却在不断逃税，在阿根廷不存在进步的税收体系。这个话题早已有之，它涉及税收体系本身的不公及不道德问题，可这套体系只有通过公正和道德才能良好运转。

一位来自门多萨的女法官则表示："人们不配合、不纳税，因为他们觉得他们交的钱都会像被投到百慕大魔鬼三角区一样消失得无影无踪，所以还不如把钱留在家里。"这句话很有意思，因为如果说有什么事情对我们而言确凿无疑，那就是"逃税省下的钱都留在了家里"，而缴税的钱有很大一部分会不知去向，就像被投到了百慕大魔鬼三角区一样。实际上，阿根廷的法官是无须缴纳收入税的。很多时候，那些享受特权的人和那些大谈"纳足税款就是傻瓜"的人在谈论政府滥用税金时也是在批评他们自己。于是，又出现了一个我们可以深思的问题：有时，某些阿根廷人在评论政府、国家或"其他阿根廷人"的话，也可以用在他们自己身上。

税收问题的讨论所带有的集体性特点揭示出了阿根廷政治文化中的数个关键性问题。从集体的角度来看，他们最大的呼吁是把税率调整到最低，而不管其他具体的问题。从政党的角度来看，税收也与选举相关，人们并不在意公共支出的稳定性，因此公共支出也就变得波动性极大，公共支出的情况取决于它每次面对的具体局面：是官方主导，还是反对派主导。这种情况又与阿根廷社会各组成部分与作为整体的阿根廷的关系有关，和巴西相比，在阿根廷社会各部分都缺乏整体意识，每部分都以自己为核心，希望通过剔除或大力限制其他组成部分的方式来保障自己的生存。

从这个意义上来看，尽管困难重重，但是我们需要全面的税制改革，它对于摒弃整体与部分之分、建立新的整体性而言意味着一种新的希望。为了使那种新的整体性成为可能，政府就不得在任何时刻只代表某部分人的利益，而是要无时无刻代表整体的利益。政府的这一姿态转变是必需的，然而只做到这一点还不够。缺少这一转变，变革就无法实现，可要实现那种变革，我们还必须革新视野，同时各个组成部分的行为方式也要发生改变。

让有钱人缴税去吧

> 向那些人征税去吧，他们有钱。别让我们这些穷人和劳动者交税。

这个神话所代表的既是明智，也是无知。说明智是因为它在警告我们许多有钱人没有纳税。说无知是因为很多时候支持这个神话的正是阿根廷收入最高的那 20% 的人。

在吉列莫·克鲁塞斯（Guillermo Cruces）和马丁·特塔斯（Martín Tetaz）的研究中，采访者们向每一位受访者提出的问题都是：您认为自己在社会中处于怎样的位置？在得到回复之后，受访者会被告知自己在社会结构中的客观位置。由此可以验证："个体认知的修正会促使他们改变其对不同再分配政策的评价态度。"这项调查尤其可以证明"那些高估自己社会阶层的人会对再分配政策表现出更大的支持。同样的，那些低估自己的人，他们会更反对再分配政策"。

"最有钱的人就是逃税最多的人，缴税最多的人是那些最穷的人""所有人都该缴税，但有钱人更应该缴税"，关于社会不公的不满融入这些话语中，被人们不断重复。然而，大部分有钱人（那20%最有钱的人）都认为他们属于"中产阶级"或"中高阶层"。然而，哪怕他们自认为属于另一个不享有特权的社会阶层，实际上许多他们不断重复的话语中的矛头都是对准他们自己的。当他们得知自己实际上应该缴纳更多税款时，他们的态度也会随之改变。

电话费是最贵的税

> 服务费账单（电费、水费或气费）是我们交过的税费的最佳反映。

在阿根廷的日常话语中有一个传播很广的语言问题，讨论它十分有趣。对于非专业人士而言，很多时候"税"这个概念包含了水费、电费、气费或电话费。人们认为交电费和缴纳增值税是同一个道理，甚至在讨论税务问题时，前者的出现频率比后者还要高。由于在阿根廷，物价中通常包含增值税，所以对于许多消费者来说物品的价格就包含物品本身的价值和增值税价值，而当人们单独提到"税"的概念时，很多时候人们指的就是家庭生活中出现的账单（无论是为了某种服务付款还是真的在缴税）。

严格来说，"纳税"指的是一种法律规定的公民义务，对全社会所有公民都具有几乎相同的约束力。而公共服务不在公共支出产业之列，它与每个个体的实际使用情况相关：用电和气更多的人，或者打电话更多的人，自然要付更多钱。有人提出应制定一项针对那些服务的补助金政策，他们建议应该用收来的税款支付那些费用的一部分，这样一来公民使用那些服务所需支付的费用就少了。然而，把电费和收入税混为一谈就等于把所有种类的猫放进了同一个袋子里，实际上对之加以区分是一项基础性工作。

10

庇隆主义神话

庇隆主义和反庇隆主义是滋生众多阿根廷神话的源泉。我们可以猜想一切都始于对国内移民的诋毁，那些人被称为"动物大军"和"小黑头"。人们把1945年10月17日涌向五月广场的人群轻蔑地形容为"把蹄子泡在喷泉水里的人"[1]，这句话本身就透着对当时事态的完全无知，它也构成了污蔑语历史上的特殊章节。神话化的过程依然在继续，因为每一种神话——有时是立刻，有时则是数年之后——都会被庇隆主义者重拾。那种倒揭伤疤的做法让政治冲突中的很大一部分修辞话语更具特点了：无衣者们[2]、黑人、"我的小家伙们"[3]。

除了应该写一部关于那种神话的专著外，不久之前还完成了所谓的"洪水项目"，那是丹尼尔·桑

---

[1] 由于天气炎热，涌入五月广场的人群中有许多都坐在中央喷泉边，把脚泡进了喷泉水池里，后成为那场活动中最经典的场景之一。

[2] 指贫困弱势的阿根廷工人阶层，他们是庇隆的主要支持者。

[3] 庇隆夫人语。

托罗（Daniel Santoro）、弗朗西斯·埃斯特拉达（Francis Estrada）和帕特里西奥·维加（Patricio Vega）为电视台录制的一档节目，讲的正是一些反庇隆主义的神话：女佣神话、悲痛神话、用"木地板"烤肉的神话等，那档节目如今还能在 YouTube 上观看。有些神话传播甚广，有些神话争议很大，它们又一次在阿根廷社会引发了深入的讨论。依旧还是那个问题：庇隆主义到底是什么？不过也许我们得问问反庇隆主义到底是什么？

我们不能板起脸来，简单地把所有阿根廷的怪人怪事都划给庇隆主义，再把世界性的、国际性的东西划给反庇隆主义。我确信无论是那些把我们和其他社会区分开来的东西，还是接近的东西，都应该同时公平地归属那两个阵营，不过我从不认为它们的比重是相等的。

接下来，就让我们聊一聊关于庇隆主义的流传最久的某些神话，这也是引出阿根廷近 70 年历史中的某些重要主题相关讨论的方法。

自"去庇隆化"诸计划失败后，认为"不理解庇隆主义就无法理解阿根廷"的专家和学者数量持续上升。这意味着我们需要持批判目光来分析那段历史。换句话说，我们需要先跳出那个主要神话的牢笼，甚至在之后要重返牢笼并久居其中也在所不惜：我指的是"庇隆主义—反庇隆主义"两分法的神话。

庇隆是个暴君

> 庇隆主义是法西斯主义的变体，庇隆政权是独裁政权。

请想象一下您身处 1945 年 10 月。彼时出现了许多新兴政治势力，用旧眼光解读它们的诱惑十分强烈。甚至哪怕出现的是绝对全新的现象，也只能用早已存在的话语去命名它们、理解它们。然而，那种命名和理解的限制也会被飘荡在每个时代中的幽灵扩大化。20 世纪 40 年代中叶的阿根廷就是如此，当时很少有政治家和知识分子能搞清楚庇隆主义和伊里戈延主义的区别。相反，这是许多知识分子和政治家在理解和"诊断"时犯的最严重的错误之一，对于他们个人和阿根廷来说都是如此。面对庇隆主义的兴起，由于他们坚信在阿根廷只会发生那些曾在欧洲发生过的事情，所以他们认定庇隆主义就是本土版本的纳粹主义或法西斯主义。那份名单很长，实际上也包含了所有在那些年里活跃过的社会主义和共产主义领袖，还有很多反极权、反纳粹的人士。甚至出现了下面这样一场众所周知的争论：胡里奥·科塔萨尔（Julio Cortázar）的短篇小说《被占的宅子》是不是在影射庇隆主义。埃内斯托·萨瓦托（Ernesto Sábato）、豪尔赫·路易斯·博尔赫斯（Jorge Luis Borges）、埃斯基埃尔·马丁内斯·埃斯特拉达（Ezequiel Martínez Estrada）和维多利亚·奥坎波（Victoria Ocampo）①都是激进的反庇隆主义者。他们和其他许多人一样，都是以在欧洲发生的事情为基础去解读庇隆主义的。

认为庇隆主义就是"法西斯主义"的想法是典型的把欧洲概念套用到阿根廷身上的做法。这种做法从来就既不科学也不严格，原因很简单：无论是在社会学领域，还是在人类学和历史学领域，具体背景都十分关键。显而易见，如果只是说巴黎凯旋门和布宜诺

---

① 均为阿根廷著名作家。

斯艾利斯的某个建筑长得很像，那么你就无法真正理解那个法国建筑的含义，反之亦然。尽管法国人或英国人从来就没想过要模仿我们什么，可是这边的人却在不停地模仿他们的做法，但没有任何一个复制品是与原作一模一样的，而所有那些模仿性的尝试也都失败了，因为我们的现实是完全不同的。

这些恐惧从何而来？基本上来说，原因有二：首先，所有在拉丁美洲发生的事情都被认为是在欧洲发生过的事情的变体（后来发生了变化：除了欧洲之外又加上了美国）。我们所有人都认为要判定我们发展得好不好、民主程度高不高，就必须和欧洲进行对比。因此，自认为代表自由和民主的力量、社会主义或共产主义力量就把当时阿根廷的局势理解成了欧洲局势的延伸。这种评判也有一定的现实依据：庇隆曾在意大利待过，在战争中秉持中立态度，他是个擅长煽动穷人的军人，他的演说融合了不同的政治和文化传统。不过换个角度来看，甚至在庇隆执政十年被推翻后回过头去看，庇隆政府至少有两个重要特点与那些人们将之与其对比的欧洲政权不同。第一，希特勒和墨索里尼煽动中产阶级压制劳动人民，而庇隆鼓动的则是劳动人民和"小黑头"，他被认为站在中产阶级的对立面上。第二，希特勒和墨索里尼发动了战争，侵略了许多国家，杀害了无数抵抗他们的人，前者建立的集中营将20世纪的历史一分为二。庇隆没有侵略任何国家，没有下令杀害任何人，没有建立任何集中营。这已经足以证明上述对比的荒谬性。那只是一种夸大，一种伪造，带有地道的阿根廷色彩。其次，在那些年里，劳动人民取得了许多社会权利，这改变了这个国家的历史进程，不过欧洲劳动人民早在法西斯主义出现前很久或战后随着福利国家的建立也取得了那些权利。

有人说，尽管在庇隆执政的那些年里没有出现反犹主义事件，可无论如何还是有许多反对者被投入监狱，而且当时的阿根廷社会还没有言论自由。事实上，用近三十年流行的标准去衡量1930—1983年间的阿根廷民主状况本身就是个严重的错误。这首先是因为在庇隆主义之前盛行的是激进主义的取缔政策以及所谓的"爱国舞弊"行为（这是种非常阿根廷化的矛盾修辞）。其次是因为在1955—1973年间发生的事情并不能称得上是真正的民主，因为彼时庇隆主义是被禁的。或者说，在1930—1973年间，激进主义和庇隆主义的候选人都同时能够参加选举的时期只有 1946—1955 年这段时间。不止如此。抵触庇隆的所谓的"自由革命"倒千真万确杀害过庇隆主义者，他们通过轰炸五月广场开启了一个暴力的循环。

那么我们来看看那些年里世界其他国家的民主状况如何。实际上也与我们今日理解的民主概念大为不同。美国流行的是麦卡锡主义，大肆迫害共产党人。引起强国不快的国家要么被入侵，要么被侵占。如果说美国没有保障思想自由是因为迫害共产党人（此外还一直存在种族歧视问题，直到 20 世纪 60 年代马丁·路德·金的出现才有所改善），如果说没人会到 20 世纪中叶的德国、意大利或西班牙去寻找民主典范，那民主到底在哪儿呢？如果我们不再谈论欧洲民主，而是挨个国家进行细致分析，就很难再视欧洲神话为模范了。那个年代的法国被认为是民主典范。但是除非你无视其试图延续殖民主义以及 1954—1962 年间爆发的阿尔及利亚战争。亚洲和非洲爆发的独立运动很多时候是以战争的形式进行的，它们对抗的残暴政府背后的扶持者正是那些西方民主大国。在不知疲惫的模仿热情中，在阿根廷出现的一场又一场屠杀事件中，也出现了法国军队在阿尔及利亚使用的军事技术。

庇隆政府是通过民主选举建立的，而庇隆曾挫败过多次政变计划，可阴谋依然持续，直到达成目的。如果我们记得这一切，就应该把这种记忆放置到评价那些年里发生的政治冲突的大框架中去。维多利亚·奥坎波曾被囚近一个月，她通过文字记录的方式表示她认为自己在那段牢狱生活中最终发现了"真相"。如今的我们信奉完全不受限制的言论自由。没人会接受庇隆当时推行的诸多政策。但恐怕更加没人愿意接受庇隆垮台前后他的反对者们的种种暴行。

认为 1945—1955 年间庇隆政府推行的政策不符合在 2011 年被认为"最为民主"的标准，这种想法无足轻重。对于历史学家来说，那些对比是方法不当导致的错误，是所谓的"时代错置"：就像是由于在希腊曾经出现过奴隶就认为亚里士多德的话都不足信，或者因为弗洛伊德不是女性主义领袖就认为他的思想一文不值。拉丁美洲的确不是 20 世纪的民主典范，但西班牙和美国也不是。在评价庇隆时，应该拿他和他同时代的人做比较，如果那些人是阿根廷人就更好了。毫无疑问，以我们今日渴求的民主为标准来判断，他的某些态度和行为方式是背道而驰的。可是他永远不会下令轰炸五月广场，也不会派人杀害反对者。这不是个笑话，我们必须反思：迫使庇隆下台、指责他是"在逃暴君"的那些人正是杀害无数阿根廷公民、处决巴列将军（el general Valle）的同一批人。正因如此，曾支持1955年政变的埃内斯托·萨瓦托[①]在一年之后就高声抨击政变者对庇隆主义者进行酷刑折磨的暴行。鲁道夫·沃尔什[②]曾为我们写出了无与伦比的《屠杀行动》。尽管有许多伟大的作家反对庇隆，但在他头两届任期中却从未出现后来的"屠杀行动"之类的事件。

只是在1955年后，阿根廷知识界的大部分人才

[①] 埃内斯托·萨瓦托（Ernesto Sábato, 1911—2011），阿根廷著名作家、知识分子。代表作有小说《隧道》《英雄与坟墓》《毁灭者亚巴顿》和回忆录《终了之前》等，曾在72岁高龄受阿方辛总统委托出任阿根廷国家失踪者调查委员会主席，调查1976—1983年独裁政府期间出现的失踪、暗杀事件，后提交记载着30000个案件、长达50000页的题为《永不》（Nunca más）的调查报告。

[②] 鲁道夫·沃尔什（Rodolfo Walsh, 1927—1977），阿根廷作家、记者、非虚构文学代表作家，于1977年3月25日失踪，普遍认为遭到独裁政府杀害。下文提到的《屠杀行动》是其代表作。

提出我们需要"理解庇隆主义"。从那时起，出现了许多关于这段阿根廷历史上最复杂的政治时期的深刻的文论作品和历史学、社会学著作。然而，直到今天，我们依然能在电台里或是在**网络**日报上听到或看到有人给庇隆主义贴标签，说那是独裁政权，是暴君统治，是一种法西斯主义。这可真是矛盾，"撒谎吧，撒谎吧，总能有点谎言流传下去"，这种事就在庇隆主义身上发生了。只不过在持那种看法的人中，大多数并没有在撒谎，他们真的认为解决阿根廷问题的关键就是欧洲模式，或者说，正如他们自己所言，是世界模式；只不过这里提到的"世界"概念绝不包括非洲和亚洲的政治情况，甚至连东欧政治也被排除在外，更引人注目的是，欧洲政治也往往会被排除出去（对那些强调"世界性"的人来说，欧洲一直就是个缩小版的欧洲）。

这种曾给阿根廷带来悲剧的巨大误解有一个尽人皆知的名字，它是欧洲中心主义结出的恶果。人们在分析国际问题时总是把**"欧亚大陆的大西洋半岛"**作为中心点，其他地区就只剩下离标杆近或者远的区别了。

只有庇隆主义者才能理解庇隆主义

> 庇隆主义是种奇怪的现象，人们很难理解它。只有信奉庇隆主义的人才能理解它。因此，一个人要么是庇隆主义者，要么就是反庇隆主义者；大猩猩永远都不会理解人类。

有朝一日，我会写一本关于"我如何看待庇隆主义"的小书，但不是这本。不过，指出与之相关的某些基本问题是必须要做的工作。那些认为我们能从庇隆的传记中找到庇隆主义真谛的看法过于片面了。没有任何一本关于政治领袖的传记能够解释清楚一场政治运动的含义。庇隆主义的内涵（正如丹尼尔·哈梅斯[Daniel James]指出的那样）与大部分阿根廷人在那些年里经历过的经济、社会、文化和政治转型有密切关联。庇隆的确把许多左翼政党提出的社会改革意见付诸实践了。不过无论是以前还是现在，公民都不会在意政策的"版权问题"或背景问题，他们只在意那些政策对他们的具体生活产生了怎样的影响，这一点同样毫无疑问。

甚至，除了庇隆头两届任期的那些岁月之外，他流亡的 18 年时间也转变、扩充了庇隆主义的内涵。在 20 世纪 60 年代和 70 年代，中产阶级和知识界里有许多人变成了庇隆主义者。人们预言过无数次庇隆主义的灭亡，但这种事情却从未真正发生过。

如果说某种与大众密切相关的政治现象是不可理解的，那也就是说阿根廷民族本身很奇怪、不理智、情绪化、让人难以理解，或是具有其他类似的特点。想理解庇隆主义不见得一定得是庇隆主义者。要想理解各种不同的政治理念，你不必成为共产主义者、社会主义者、激进主义者或纳粹主义者。历史总会让我们感到惊讶，尤其是在某段历史进程的发展偏离模板和预测之时。可是我们该提出的问题是：为何预测出现了偏差？问题出在预测者身上，而非出在他要预测的现象身上。

于是又出现了另一种"认识论"。它认为只有阿根廷人能理解阿根廷人，只有巴西人才理解巴西人，只有马普切印第安人才能理解马普切印第安人。对人类学家来说，这句话经常出现在各种场合。从哲学范畴来看，这是一种对人类交流能力的极为悲观的看法。结论显而易见：只有 X 能理解 X，X 永远无法理解 Y

或 Y 或 Z，因为只有 Y 和 Z 能理解他们自己。从社会学角度来看，这是种不可接受的论断。有很多关于俄国革命、西班牙内战或庇隆主义的伟大著作并非出自俄国人、西班牙人或阿根廷人之手。还有一些关于印第安不同族群的伟大著作的作者并非印第安人类学家。

要想真正理解，第一个条件是摒弃偏见。从这个意义上来看，那些对庇隆主义、激进主义、社会主义抱有偏见的人倒确实难以理解那些理念的追随者。第二个条件是不要妄图寻找一个模板，而要保持开放的心态，让发展的过程来教我们该如何改进。

和其他所有政治现象一样，庇隆主义也是可以被分析和理解的。可是要做到这一点，人们除了必须摒弃偏见和欧洲中心主义之外，还得打开思路，去思考、感知那些没有被写进传统理论中的东西。

用"木地板"烤肉

为了购买选票，庇隆主义者给穷人们赠送物品、房子，可那些穷人根本就不明白他们拿到手的东西的价值，他们不配。

可能这是最有名也是被讨论最热烈的一则神话。它说在庇隆执政时期穷人们从政府手中分了到住房，可他们却用房子里的木地板烧火烤肉。很明显，这则神话涉及很多内容：政府赠送给穷人带木地板的房屋，可漂亮的木地板本应是中等阶层和上等阶层人的专属。穷人们配不上那份礼物，那些野蛮人只知道到处找木头，没承想它们就躺在地上。

第一，从来没人真的见到谁把木地板撬出来烤肉，倒确实有许多人听到过某人提起他的某个邻居听另一个人讲起他的某个叔叔对他说他听七大姑八大姨说过……没人亲眼见到这事发生。哪怕见到过，起码没拍摄下来过。第二，社会住房不是政府送的礼物。至少根据现行宪法来看，那是人民的权利。要实现该权利，方法有不少，但却不可能包括"赠送言论自由""赠送奖金""赠送带薪休假"或"赠送社会住房"。第三，近七十五年在阿根廷修建的社会住房有哪些是带木地板的呢？从来就没人做过确切的统计，但带木地板的房屋绝不可能占绝大多数。第四，所有与大众领域相关的社会研究都表明，如果国家将一块土地分给穷人，他们一定会建造、修缮、完善自己的住房。毁坏住房的说法完全是无稽之谈。从来没人对政府分配给他们的住房表现出破坏的意愿。那是他们好不容易得来的东西，他们怎么会去搞破坏呢？

　　这个神话在不同的时间点会以不同的面貌出现，但是它和其他神话有两个共通点：对于普通大众的无知与不解以及看待宪法规定的权利时所持有的某种奇怪的、精英式的视角。

　　近些年里出现了一些明显十分武断的言论，例如：大众社区里安装的免费数字电视信号接收器被人卖到了黑市里，育儿津贴的资金被用到了赌博和贩毒活动中，许多女青年为骗补贴而怀孕。所有这些言论都再次表现出了那种对大众阶层的无知，给他们贴标签，认为他们无权享受国家政策带来的好处。

　　考虑到那些贴标签之人的无知，就可以理解为什么他们错误地认为只有庇隆主义者才能理解庇隆主义。也许这句话可以换一种解读方式：给大众阶层贴标签的人永远都无法理解大众阶层。

为一块香肠三明治游行

> 人们会为了上面的人许诺的面包屑去参加政治运动。他们不是被信念驱动去做那些事，他们只是在被领导者们拖着前行。

每当出现一场大众阶层参与的政治活动，这一神话的不同变体就会出现，它说"人们被大巴车运来""数十辆大巴车从郊区把人送来""调动力量"。大多数类似的表述都致力于制造一种神秘感，那种神秘感古已有之，而且被反复利用来描绘"异类"。这种神话认为动作主体是不言而喻的："下令把人们运来的究竟是谁？"很多时候大家默认答案是"长官们""工会领袖们""带头人们"。那句话不能改成"人们坐大巴车前来"，这样一改那种标签的魔力就消失了。"郊区"一词的作用也是一样，它指的不是卡斯特拉尔、班菲尔德和圣伊西德罗等地区，而是指那些阴暗的贫民窟，指的是某个假想出来的污秽不堪的地方。"调动力量"这句表述有些不同，它的描述性更强，但依然不足以描绘那些成千上万人参加的运动。

现在的情况是：只要出现了某种让某人不快的

政治现象，那人就会想不明白为什么会有那么多人支持，会有那么多人上街游行，又会有那么多人欢庆胜利。很难向不参加聚会的人解释聚会的意义是什么。于是大家只能借助神话来解释："他们给他投票是因为收了好处""他们给他投票是因为拿了他的美元""他们给他投票是因为他们有利益交换""庆祝他胜利的那些人不是真的良好公民，他们被买通了，被收买了"。只要不是我们喜欢的候选人胜选，那么随之而来的庆祝活动就会让我们感到不安。这种事情很常见，也很容易理解。问题是人们化解不安的解药是神话，人们纵容自己继续保持不理解别人的状态。

举个例子，有这么一句话，说出这句话的人和这句话描述的人之间有一条鸿沟："为一块香肠三明治游行。"说话人自认绝不会为了一点微末的报酬去做那种事（发起游行或参与游行），那种微末报酬可能只是一杯水，但如果特意指出是"香肠三明治"，那就等于把矛头对准了大众阶层，因为香肠三明治永远都不会出现在有钱人周末乡间烧烤的菜单上。它属于另一群人，它是种"肮脏的食物"，是用来收买选票的食物。

没人会为了一块香肠三明治游行。他们去游行，要么是出于愤怒，要么是为了希望，或者是出于受到侵犯而生出的怨恨，或者是出于对某种更广泛的承诺的期望，又或是出于团结，出于恐惧，再或者是想要获得某些好处。很多时候游行是有组织的。很多时候人们想参加游行，去抱怨、去控诉，但是他们参加不了，因为他们得坐几个小时的公共交通才能抵达游行地点。批评他们的人却忍受不了连坐数小时的公共交通，哪怕是为了去看电影也不行。他们批评是因为那种行为本身能让他们感觉自己离穷人的世界、政治的世界或要求双方承担义务的社会关系更远了一些。

我记得 2011 年 4 月 29 日那天我要到市中心工作，正巧碰上阿根廷劳工联合会（CGT）领导的示威游行开始。能听到从城北和城西乘坐交通工具而来的人说着类似这样的话："应该把这些狗屎黑鬼全都杀掉。"这些幻想着杀光某些人、觉得如果我们不再忍受，阿根廷就会更美好的人肯定也坚信挤满七月九日大道的示威者是为了"一块香肠三明治"来闹事的。很容易证实许多当时在那里组织示威的工会成员此时比那些诋毁者赚得多。那么好了，尽管那些人工资能达到五位数，但是人们还是更愿意相信自己的理解，说他们是为了一块香肠三明治去游行的，说他们用木地板烤肉，说他们滥用、配不上政府的馈赠，却不愿意从政治的角度去理解那种对抗行为。

穷人们投票是为了利益交换

穷人们只会给那些给他们好处或按照他们的需求制定政策的人投票。

中等阶层和上等阶层的人在选举中投票时考虑的是整个国家的命运，可普通大众（和为了块香肠三明治去游行的是同一群人）投票则是为了利益交换。哈维尔·奥耶罗很久之前曾做过一项社会学研究，该研究表明实际情况要更复杂得多。他的著作的目的是分析庇隆主义机制在全国范围内建立起的解决问题的网络，寻找那种网络背后的驱动力，该书摒弃了将该现象解读为庇隆主义与普通大众之间存在不对称交换的既有视角，也摒弃了建立在利益交换基础之上的所谓的理性主义视角，这种视角在社会学研究中占主导地位。然而，这两种视角的问题都在于没有关注那种网络本身所具有的意义或身份特征，忽视了利益之外的其他驱动力的作用。奥耶罗戳穿了人们投票就是为了得到"香肠三明治"和一杯汽水的神话。这是揭开无知神话和穷人操纵神话的第一步。除此外，奥耶罗也注意到，我们还可以在复杂的层次上去戳穿神话，从情感动机和认同感的角度去分析社区中的解决问题网络。毫无疑问，比起仓促的研究观察得出的结论来，利益交换和政治支持之间的关系要具有更多的维度，正如奥耶罗坚持的那样，认为二者之间存在某种因果关系是一种认识论方面的错误。

奥耶罗坚称，一向被视为理所当然的选票利益交换是无法证明的："没有明确证据表明'雇主'和监察员用某些好处去交换选票。相反，他们总是把自己树立成人民和事物的代名词的形象：他们一向与利益分配和特定社会救济政策联系在一起。"因此他强调："那种数量巨大、受利益驱动的选民形象是一种经验主义错误。"

所有对正义党或工会的批评都是"大猩猩做派"

因为搞游行也好，因为那些人是百万富翁也罢，反庇隆主义者总是能够以各种说辞来攻击庇隆主义政治家和工会支持者。

尽管"大猩猩"这个概念往往会与"反庇隆主义者"联系在一起，可是这个词也能以各种不同方式被使用。如今它有了许多不同的适用场景。最常见的是用来影射唯阶级论者和种族主义者，那些人总是习惯轻视、诬蔑普通大众、"小黑头"、穷人以及大众文化。不过，它也经常会经受语义上的转变，带上强烈的政治色彩，最后人们认定所有那些对正义党或工会做出批评的人都是"大猩猩"。在这种语境中，所有批评正义党的人都变成了"大猩猩"，哪怕他们批评的是何塞·洛佩斯·雷加（José López Rega）的"三A联盟"①、埃米尼奥·伊格莱西亚斯（Herminio Iglesias）烧毁的小棺材②或是某位搞贪污的工会领袖或政治人物。

认为所有批评工会的人都是"大猩猩"，甚至那人批评的是贪污行为或政治犯罪时也是如此，这种说法

---

① 即"阿根廷反共产主义联盟"（Alianza Anticomunista Argentina）。
② 1983年大选期间，布宜诺斯艾利斯省省长候选人公开焚毁了一口写有劳尔·阿方辛名字的微型棺木，这一极具争议的行为后来被认为是庇隆主义在该次大选中失败的主要原因之一。

本身可信度不高。我们无论如何也不能接受有人以反庇隆主义中经典的种族主义思想为掩护，在人们希望对其进行独立的司法调查时要求获得司法豁免权或特事特办的政策。

1945年10月17日，通过"蹄子泡进喷泉里"的行为，我们这个社会中最受歧视和排挤的公民们占有了本就属于他们的东西：共和国最中心的广场。当然了，那种做法不符合在很长时间里把这些人排除在其应得利益之外的那些既得利益者制定的规则。"大猩猩"实际上就是面对大众阶层时的那种恐惧情绪。不过，无论男女，每个参与公共生活的公民都应该承担对自己的行为举止做出解释的义务。通过司法程序来对某人做出必要调查，或者要求他对某些行为做出解释，这绝不是"大猩猩做派"。这种讹诈与谎言一样，只是个蹩脚的神话。

11

工会与社会
斗争神话

社会组织及工会的领袖们对下面这种情况心知肚明：他们会受到批评，会被社会各领域的人贴标签。对于那些参与工会活动的企业家来说，人们会指责他们靠工会发了财。阿根廷人基本不会相信某个重要的社会性、协会性或工会性活动不会给它们的领导人带去好处。无论如何，在听到那些人用带着吞掉"s"的口音说话时，或是那些人发起游行或截断道路时，人们总是会投来怀疑的目光。那些诉求总会招致质疑，但引发质疑最多的还是他们用以传达诉求的方式。

这绝对不是什么新鲜事。远的不说，从 20 世纪初投票通过的《居留法》到"反叛的巴塔哥尼亚"① 再到 10 月 17 日游行 ②，无论是大规模游行还是新自由主义引发的小规模活动，总会出现大量针对社会团体的批评声，针对基层工会组织的批评声浪尤其大。有人

---

① 指 1920—1922 年间发生在阿根廷巴塔哥尼亚地区的无政府工团主义劳动者发起的斗争。

② 指 1945 年 10 月 17 日在阿根廷爆发的大规模游行活动。

试图把"工会活动"与"富人团体""工会无赖"之类的说法联系起来。但是在阿根廷有成千上万的基层工会组织，他们提出了正当的诉求和抗议声，他们不应该被那些与利益挂钩的、带着轻视意味的旧眼光限制住。

我不否认我们可以就某个具体的组织或某种具体的诉求展开讨论。了解正当争论、不同意见应该存在的恰恰是同一批社会活动者。我们需要做的是打破针对社会组织的神话、搞清楚有些教职人员提出诉求是为了改善公立学校的教学环境，有些铁路人员提出诉求是为了改善阿根廷的交通体系，诸如此类。

新自由主义发起了最近一波攻势，他们以巨大代价给许多已成为企业家的工会领袖来了招"请君入瓮"，新自由主义者提出工会问题已经过时了。只有老古董才对"阶级斗争"感兴趣，因为阶级这种东西已经不存在了。

如今，社会阶级和传统组织形式都已不复存在了

以前有企业家、劳动者和中产阶级之分。如今

则相反，一切都变得复杂了起来，已经不可能再谈论阶级或单纯的工会组织了。

在更加单纯的过去，人们可以相信资本主义社会可以分为资产阶级和无产阶级两部分。而后来农民、小产业者、小零售商和中产阶级把社会变得复杂化了。在 20 世纪，不仅阶级和社会结构问题复杂化、全球化了；还出现了与种族、性别或环境相关的"新型社会运动"。这些运动跨越了社会阶级性，同时与之保持着充满矛盾的关系。许多评论家喜欢说"以前的社会阶级"如何如何，而现在，情况有了变化，"阶级已经不存在了"。如今只剩下了针对污染性开发的抗议声，或是对恢复原住民土地所有权的呼吁声，又或是关于婚姻平等权的呐喊声，再或是针对性别暴力的批评声。

可真实情况并非如此。阶级诉求过去存在、现在依然存在。在过去确实有许多人认为这个或那个阶级（工人、农民或其他群体）扮演的是十分无情的历史角色。在当时也确实有人认为历史是朝着某个特定方向发展的：各个国家、英雄人物或全人类都面临着某些不可避免的命运。如今我们清楚了，历史是由人类通过语言和斗争行动谱写出来的。没有什么是固定不变的，没有什么是由神的意志决定的。

事实是：确实有许多阶级来来往往。举个例子，在人们宣称"告别无产阶级"和"工作终了"短短几年之后，阶级认同感在政治领域获得了新的分量。如果有什么事在最近几十年里被反复确认，那就是新的社会运动倾向于把阶级认同感抛在一边。然而，在阿根廷，生活在最穷的社区里的"失业劳动者"联合发声，要求政府制定补偿政治，刺激就业。这样看来，近年来最显眼、最重要的民众组织正是一种阶级组织。

在 21 世纪第一个 10 年里，在创造就业机会和创建劳资双方人数对等的机构的过程中，工会组织赢得了权力与存在感。在前些年，对抗排外与失业问题的运动在发展的同时，人们也在强调往日关于分配的种种冲突已经是过去的问题了。旧式斗争关注的是上下问题（用英语来说就是 up 或 down 的问题），而新式斗争关注的则是里外问题（用英语来说就是 in 或 out 的问题）。尽管这种两分法听上去不错，可实际上它们把那些本就被错误理解的事情进一步简单化了。在某些时刻，占主导地位的是关于分配的冲突，而在另一些时刻，占主导地位的却是关于排外的斗争。那么好了，阿根廷经验还证明那些冲突都被混为一谈了。当人们看到不同族群和谐相处的苗头时，关于分配的争议就会适时重现。

很多人喜欢听"之前是那样的，如今是这样的"之类的话。这会让人生出某种平静感，好像人们真的既理解过去又明白现在。但是在这个例子里，和其他许多案例一样，过去存在着阶级认同感与其他种类的认同感和谐共存的情况，如今也是一样。有这样一种概要式的视角，它认定造成无法带来深刻变革的斗争的阶级已经消失，代之以另一种概要式的视角，这种视角认为社会阶级必然会带来某种斗争，也必然会引发社会的某种变革。这种新的视角与其说是种现代视角，倒不如说是种后现代视角。它自认"时髦"，也可能正因为如此，它表现得和那种旧视角一样"概要"。当然了，现实要更加复杂，复杂到了那些概要只有在自认为准确无误时才能起到点作用。在那些概要认定的真相之外，在现实中，很多时候不同的进程是交织在一起发展的，它们抗拒那种把一切归于阶级问题的简化做法，也抗拒那些认定阶级已然消失的说法。

穷人和劳动人民能够出于任何原因闹罢工

　　　　工人阶级就喜欢抗议。矿工们就喜欢把道路截断，教师们则喜欢罢课，学生们则喜欢占领学校。

　　有种思想坚持认为工人阶层就喜欢搞罢工、闹事，让人感到诧异的是无论左翼人士还是右翼人士都喜欢这样想。不可否认劳动人民一直寻求在更体面的条件下工作，同时希望他们的工资足以养活家人并允许他们实现自己的某些梦想。他们不喜欢搞游行，也不喜欢发表抗议声明。教师、公务员和工人也不喜欢游行。游行永远都意味着某种风险，某种难以预料的局面，某种消耗和某种程度的对立，他们只有在风险和消耗处于完全可控的范围内时才会选择采取行动。但是在右翼人士口中以及在为数不少的媒体报道中，当出现关于游行的话题时，听话者会认为那是一场工人们举行的狂欢活动，就好像他们乐在其中一样。那些媒体从来就不会提到工厂或服务类私人企业里真实的工作条件是怎样的，很多工厂企业压根就不执行现行《劳动法》规定的雇员应享有的权利，也不允许他们建立工会组织，或者那些工厂企业里的许多工会代表都被直接收买了，他们代表的是工厂和企业的利益。

　　这些陈词滥调的变体则将矛头指向矿工和学生。在我本人对失业人员发起的社会运动的研究中，我发现参与那些运动的人员比起身犯险境来——比如带着孩子一起去截断道路，因为他们请不起人来照料孩子——更喜欢待在自己的社区里，做点日常性的工作（烤面包、盖房子、照料花园、经营社区食堂等）。

　　引人注意的是，有些左翼政党对上述问题也持同样的看法。他们也认为工人阶级总是喜欢搞斗争，如果他们今天没闹事，那肯定是因为他们的领头人是已被权贵收买的工会资产阶级分子。"资产阶级工会人士是劳动人民中的叛徒"，那种想法就源自这一理念。

　　丹尼尔·哈梅斯的著作《抵抗与融合》（*Resistencia e integración*）证明大部分工会领袖都是从工人运动中涌现出来的，他们可以代表劳动人民的大部分诉求以及大部分矛盾，当然这一点并非毫无争议。众所周知，有的企业家也是工会成员，很多人认为这绝不可能，因为他们认为被推为领袖的工人在完成职责后依然要回去当工人。事情并非如此。不过有件事情千真万确：大部分工会领袖通过他们的管理能够获得比左翼势力希望或想象的更多的底层支持。

要是工人阶层真的一直想着作斗争，那么人们就该自问一下：为何我们并没有身处全民游行的洪流之中？是由于工会领袖里出了叛徒？这种想法已经被经验主义研究证伪了。是由于没有好的领导者？（领导者们都跌落神坛了？）这种想法也已经被历史证伪了。

原因很简单：工人们并不喜欢搞罢工游行，失业者并不喜欢截断道路，学生们也并不喜欢占领学校。如果这些状况出现了，政府和社会应该从自己身上找找原因，而不是简单地抛出一句"他们又来闹事了"（这是完全错误的），要想真正了解政府和社会不愿理解的事件进程和问题，人们就应该从神话式的话语体系中跳脱出来。

工会是阿根廷发展的障碍

> 他们不停地要这要那，阻碍了阿根廷发展进步。要是工作条件改善了，他们的工作效率肯定就没有了。

工会遭受到了我们社会里最广泛的某些批评。人们批评企业家工会成员遵循的是新自由主义模式。这是种很重要的批评。然而，在批评他们"把自己卖给了企业工会"或是"捍卫那些不愿意工作的懒汉"时，就生出了某种带震撼效果的混合物，因为这些话适用于一切对工会的诬蔑行为。

在人们坚称工会是阿根廷发展的障碍时，我们能够确定这句话指的是一个特殊种类的"发展"，最好还是把它称为"经济增长"而非社会发展。根据这一概念，工资是种调整变量和积累机制，人们不明白，扩大工资规模本身也意味着内需的扩大和社会包容度的提高。

事实上，在阿根廷，人们思考得最少的情况之一就是某些公司企业对利润的贪婪追逐和许多劳动人民经受的恶劣的劳动条件。这些不公正现象是基层工会经常要面对的，也是国家级工会组织有时要面对的，正是因为那些不公正现象的存在，工会的诉求才具有合法性，才能引发那么大的反响。当然了，如果工会领袖罔顾基层的呼声，不关注劳动者的诉求，这一切都不会成立。在那些状况中，争论就集中到了基层的自发性和组织能力上面了。不过只要工会捍卫的是它所代表的群体的利益，它就是维护社会公正的必要因素。在各自的历史上，没有任何一个保持相对公正的国家从未有过工人组织或不同形式的斗争运动。扩大内需的经济论据从来就不足以迫使企业家们自愿提高员工工资和福利。为了促使那种发展条件能够变为现实，就需要工人组织的存在。

还有一种常见的对工会的批评：说他们的诉求都不顾整体形势。举个例子，在高收入劳动者呼吁不纳税的时候他们就没考虑到还有些穷人连日常花销都成问题。实际上，从社会整体的角度来看，许多诉求（无论是企业家提出的，还是劳动者、商人、银行家或农产品生产者提出的）都缺乏公平性。这里指的是每种诉求都必然携带的政治特点，因而从社会整体的角度来看一切诉求都是值得商榷的。从整体性角度来看，人们需要分析所有诉求，理解那些诉求所秉持的逻辑，看看对立双方都是些什么人。换句话说，所有诉求都冒着小团体化的风险，因此也就很难符合大多数人的利益。这种事情可能发生在工会身上，但是绝不可能是由劳动者的特殊性决定的。

最后，影响真实工作条件的那种不可见的东西可借助某些"野蛮"的手段得到异常扩大化的解读。当然了，很可能有些领导者真的在利用手中的权力来谋求私利，而不顾他所代表的集体的利益。但如果劳动人民在之前没有感受过真正的不安，此后也就很难采取有力的措施。除此之外，当某些团体提及"方法论"（请允许我用到下面这个术语）问题时，那种情况就被歪曲了：被歪曲的是劳动者诉求的内容，而非其行动的方式。也就是说，有人认为劳动者的诉求是合法的，但他们的"实践方法"则不合法。可事实是在采取那些"实践方法"（游行、断路等）之前，没人理睬他们的诉求。再换句话说，人们当时普遍秉持的是沉默态度。

应该确认清楚的是存在着某种政治讨论的层次，在那个层次里，关于工会角色的不同论点是可以共存的。我们以这样一个已被确认的数据作为出发点：工会强势的社会与工会弱势的社会相比，前者内部存在的不公正现象要更少。同时，正如葛兰西在很久之前就曾做出的警告那样，当集体性斗争没能占据主导位置之时，还应当考虑到那种集体性斗争的限度问题。某个集体对利益的追逐可能会带来社会和政治方面的危机。更倾向于渐进的立场和更倾向于对立的立场会选择不同的发展道路。在保拉·阿巴尔·梅迪纳和尼古拉斯·迪亚纳·梅嫩德斯（Nicolás Diana Menéndez）的著作《抵抗性群体》（*Colectivos resistentes*）中，两位作者记录了许多证词，这些证词都将矛头对准了另一个需要被根除的现象：公司企业收买工会积极分子的行为。这种行为通过操纵金钱，非法侵害了宪法赋予人民的权利。

在民主国家存在着惠泽所有人的政治自由

在民主国家，至少从 20 世纪 30 年代之后开始，所有公民就都获得了言论自由与组织活动自由的政治权利。

拿民主背景下的政治权利和独裁背景下的政治权利相对比，两者之间肯定千差万别。我依然清楚地记得自己在 1983 年（独裁政权临近终结之时）被维森特·洛佩斯国立学校警告了 24 次（达到 25 次我就会被开除），原因是我参与了学生中心组织，而那是个被学校封禁的组织。提到这件没那么可怕的事是因为我觉得压根没必要提及政府主导的迫害行为和恐怖行径。

然而，到了 2012 年，许多企业的职工依然缺少最基本的公民政治权利。一旦他们提出某种最基本的诉求，就会立刻被辞退、被骚扰。他们经常会面临这样一种情况：工会代表就像是公司的代言人。依然存在着许多阿根廷民主未能抵达的劳动领域。问题是：为什么人们依然能纵容这种情况存在。许多工作环境对工人的身体健康是一种威胁，许多环境中隐藏的危险本身是可以避免的，为了追求生产效率，工人的身体是集体化机制、个体化机制和威权主义利用的对象，劳动者还会遭受公司企业的极度轻视。这都是些众所周知的问题，但人们一而再、再而三地选择视而不见。

阿巴尔·梅迪纳和迪亚纳·梅嫩德斯发表了一项针对近十年工作领域发生过的冲突的案例研究。该研究表明，在劳动人民缺乏真正政治权利的时候，他们就会寻求联合，秘密活动就进入了初始阶段。这一点是很清楚的，任何为捍卫极为基本的权利而组织起来的行动都具有隐秘性和密谋性。新颖之处不在于那种旧时就已出现的隐秘性，而在于其持续性和革新性。为什么要指出它的持续性呢？因为很多人认为那种行动只存在于过去。它不仅持续到了现在，如果情况没有改变，它会继续存在于未来。

　　总之，如果说人们要冒着失去工作、收入和公共福利的风险才能尝试运用自己的政治权利，那证明他们受到了公司或政府施加的政策限制。让人遗憾的是，它们能够限制劳动人民，而且它们也确实那样去做了，虽然本不应如此。如果它们不这么做，在民主国家存在着惠泽所有人的政治自由就不再是个神话了。

12

世界粮仓
神话

在 19 世纪精英们心中，关于阿根廷土地最根深蒂固的印象之一就是那幅"荒芜之地"的画面。所谓"执政就是让土地有人住"的口号在那些荒芜之地长出供给全世界的粮食之芽的时候就已经变成了现实。"世界粮仓"的称号自然透着试图成为国际社会决定性力量的野心，但这股力量的局限性也很强。实际上，到了 21 世纪，隐藏在那股野心背后的限制因素很快就显露了出来，尤其是考虑到我们需要用更加复杂的视野看待发展问题的时候。

"世界粮仓"的想法意味着农村要为国家创造财富，要肩负起出口和赚取外汇的任务。这样一来，这个神话就和另一个在新自由主义发展到顶峰时极为流行的神话扯上了关系，那个神话认为仅凭经济增长就能够解决阿根廷的社会问题。

农村创造出了阿根廷大部分的财富

> 我们是粮仓。我们的财富来自潘帕斯草原，我们通过出口原材料来扩大农业的边界。

在农业出口模式盛行的时期，农牧业生产额可达到国内生产总值的1/3。如今，这一数字降到了不足1/10。根据阿根廷发展经济协会（AEDA）的统计，在2002—2008年间，农业、畜牧业、狩猎和林业部门的产值只占国内生产总值的8.9%。如果再加上农产品加工生产（对原材料的加工），该数字将达到20%。这并不是说农村对阿根廷经济不再重要了，而是指我们不应该低估其他活动在近几十年里对阿根廷经济的重要性，尤其是工业。只需要看看2011年的情况就能明白我的意思了，在那一年，制造业产额在国内生产总值中的占比是农牧业的两倍。

农牧业生产曾经是、如今也依然是阿根廷经济的基础，因为从传统上来看它一直是为阿根廷经济在外汇创收方面做出最大贡献的领域。这意味着什么呢？意味着农牧业生产在阿根廷出口方面地位突出，它为我们赚取了许多美元。同样根据阿根廷发展经济协会（AEDA）的统计，在后可兑换时期（la posconvertibilidad），初级产品和与农牧业相关的制造业产品的对外出口额平均占阿根廷出口总值的54%。

生活在农村的人都很有钱

> 如果你住在农村，你的腰包肯定鼓鼓的。农村人生活得都很好。

在2009年政府与农牧业组织发生冲突期间，"农村"这个词被反复提及，就好像居住在农村地区的人民是一个极具同质性的社会单元一样。其实现实情况绝非如此。

在分析农牧产品现状时，我们会发现同质性的想法根本站不住脚，因为许多不同的社会组成因素共存于该产业之中。研究者奥斯瓦尔多·巴尔斯基（Osvaldo Barsky）和玛贝尔·达维拉（Mabel Dávila）在他们关于农业冲突的专著里描写了生活在潘帕斯草原区的人，他们是那本书中的主要人物，而他们的特点各不相同：有掌控大型农牧企业的企业家，有传统的生产者，有"合同工"，还有变成出租户和农业从业人员的小产业主。

最著名的有关大型农牧企业的例子与洛斯格罗博集团（Los Grobo）和埃尔特哈尔集团（El Tejar）相关，这两个集团各自掌握着 15 万公顷土地，尽管其中只有 10% 的土地属于它们。要想达到那种生产规模，企业家们必须租赁土地、雇佣第三方进行劳动（例如播种、收获、消毒）。传统生产者拥有土地，他们开发的土地范围可以达到中等规模，也就是说，他们并没有失去在他们的土地上进行的生产活动过程的掌控权。"合同工"独立开展劳动活动，并不需要拥有土地。他们被称作"合同工"是因为他们要根据签订的合同进行劳动。至于出租户则是由那些放弃自己土地开发权、把土地出租给其他生产者的小产业主组成，他们利用了近些年来土地租金居高不下的机会。

如果再算上雇农和其他各种以家庭为单位的农业生产形式，那么很明显"农村"一词所构成的单一身份忽略了我们刚才提到的所有这些人员之间的差异性。因此，那只是一种无法通过社会分析证明的虚假的同质性。

经济增长能够解决阿根廷的社会问题

> 第一，增长。第二，分配。如果蛋糕没有变
> 大，那就谈不上分蛋糕的问题。富人们的酒杯满了
> 的时候，里面的液体就会溢出来，流到其他人那里。

经典新自由主义认为如果形成了某种建立于有益
私人投资的规则之上的"贸易气候"，那么国家就会
得到发展，从长远来看，这种发展会带动最落后的产
业一同发展，从某种意义上来说，该过程会惠及所有
人。何塞·努恩表示新古典主义经济学家们坚持认为
没有政府负面干预、仅靠自己完成的经济增长会带来
"涓滴效应"[①]。"to trickle"一词翻译成西班牙语
应该是"gotear"[②]。但是，正如努恩在《不公与税务》
一书中提到的那样，没人能大张旗鼓地表示通过某种

[①] 原文为英文（Trickle-down effect）。"涓滴效应"指在经济发展过
程中不对穷人和弱势群体特别关注，而是由优先富裕起来的群体或
地区带动其他人群和地区的发展。

[②] 意为"滴落"。

特定经济模式可以让更贫穷的人群获得"滴水之恩"。所以那个词会被替换成"溢出的液体",以此构建出一种更加乐观化的叙事内容。

经验实证告诉我们经济增长有可能和社会环境恶化同时出现。梅内姆执政的很长一段时期里出现的就是这种状况。另一种情况也有可能出现:贫困问题的减弱并没有改变社会不公问题的严重程度。近几十年里在智利发生的就是这种事。

"我们应该先发展、后分配",这种新自由主义观点还有后续版本。新发展主义信奉的理念中有一种风险很大,它认为政府有效的干预可以帮助经济增长持续进行,保证经济发展免受危机,或者只经历某些可控的危机,然后那种社会"溢出"就会变成现实。要想避免这种想法带来的风险,我们必须把社会不公问题也视作社会发展的目标之一。

言归正传,第一,没有任何一种严肃的经济学理论会说经济增长带来"溢出"效果;最好的情况是带来"涓滴"。第二,就连"涓滴效应"也不是在所有条件下都会出现的。第三,常见的情况是,哪怕经济增长真的带来了"涓滴效应",社会不公问题也依旧存在,甚至愈演愈烈。**最贫穷的人把一个新的水杯接满水的前提永远都是最富有的人先把一个新的游泳池灌满。**

我们要提到最后一点了,是时候提出那个深刻的问题来了。如果让绝大多数人取得一滴水的代价是先把一眼泉水交给一小部分人,这值得吗?值得我们去做吗?理性地来看,不值得,因为这样一来会出现一个更加糟糕、更加不公平、更加不平等、更加不民主的社会,这个社会里进而会衍生出更多的暴力行为。哪怕一个社会变得更加富有了,它也可能是在退化。

13

媒体权力
神话

媒体在社会中的真实角色和权力是什么呢？有可能定义出一种适用于所有背景的角色和权力吗？针对后一个问题，关于媒体的现存神话给出的往往是正面答案，尽管其中蕴含的通常是相反的意义。其中最天真的一个答案是："媒体能反映所有现实。"有更多关于不安全性的消息是因为真的有许多不安全事件发生，相信这一点并不意味着就要相信那种神话。另一种相反的极端看法是：现实本就不存在，媒体手中掌握了所有权力，它们能随心所欲地编造任何消息。一个更复杂的版本认为这个社会本就复杂多变，社会成员间存在巨大的差异，所以这些社会成员只能通过媒体进行交流，媒体构成了无与伦比的公共空间。因此，媒体的行为决定了一切。

如果说媒体喜欢那些认为它们不掌握任何权力的表述，那么被媒体抨击的政府则倾向于让人们相信媒体掌握着巨大的权力。问题在于：那个问题没有唯一的答案，必须具体问题具体分析。

举个例子：在政府决定推行某项错误的政策时（被社会认为是带有伤害性的政策），反对派媒体就掌握了巨大的权力，在影响公众舆论方面能起到重要作用。我们假设后来出现了另外两种情况：政府修改了该项政策（开始获得民众支持了），而媒体依然认为自己的权力不受影响。也就是说，媒体认为无论它们批评的行为是否该批评，它们的批评都是有效的。政府前进了几步，而媒体后退了几步。

没有任何一种关于媒体的社会学法则能够脱离具体背景来做分析。情势不同，参与者不同，事件不同，结果自然也就不同。因此，我们可以认为"背景"是无穷无尽的。

可是，关于媒体的神话总是习惯把那些相对的事物抽象化。

媒体反映现实

> 有在这样一种现实，它可以彻头彻尾地被媒体如实反映。

媒体报道更多与不安全问题相关的消息可能出于各种不同原因。一、刑侦版记者掌握了关于其所调查事件的诸多有趣线索；二、关于其他主题的消息太少（撑不起一档节目）；三、媒体认为那类消息可以在某个时段提高"收视率"：收看的人数多了，每秒钟的广告费自然也就水涨船高；四、某电视台可能出于某种商业或政治方面的考量，决定让人们觉得不安全问题显得日益严重了；五、某电视台不愿意播出其他消息。让我们沿着这些思路继续思考下去。

可以看出，在上述五个例子里，只有最后两个是完全违背媒体义务和道德的。在民主社会，"收视率"问题会引发各种观点的交锋，有人认为企业想做什么是企业的自由，媒体想播放什么内容也是它们的自由，也有人会公开批评那些企业或媒体的做法。实际上，在民主社会，媒体上的评论家们也可以说任何自己想说的话。

不管怎么说，问题实际上要更加复杂。就上述五个案例来说，问题的根源在于"不安全问题"的概念本身就是媒体给其播放的消息套上的框架或标签。刑侦报道古已有之，仅在阿根廷就有悠久的历史，西尔维娅·萨伊塔（Sylvia Saítta）已经论证过这一点。但是刑侦事件本身并不意味着"不安全"，"不安全"是对某个特定事件的解读。

问题在于媒体不可能只提供信息而不加以解读，这一点很容易证实：在随便哪个存在多个当地报纸的国家，不管在那个国家和其他国家发生了哪些事件，每份报纸都会按照自己的标准对封面标题进行选择和排版，将某些事件视为重点，同时无视其他许多事件。

于是反方向的神话出现了，它认为媒体创造了现实。

媒体创造现实

现实并不存在，它是被电视创造出来的。至少在现代社会，媒体定义了意识形态、影响公民做出各种各样的决定。

可以证明的事情就只是：报道即解读，也就是说，通过报道可以构建出某种看待现实的目光，这个神话与前一个神话又是相悖的。它认为媒体不反映现实，而是建构现实。这个神话有不同版本。一方面，它认为媒体总是在操纵信息内容和公民思想。既然政治、商业和媒体方面的原因不总是那么容易被区分辨别，于是媒体就把消息进行分类，以不同的方式把它们讲述出来，于是就出现了这样一种印象：有记者谋划着如何把某种特定现实炮制出来，来制造出某种明晰的效果，而那种效果又与群众密切相关。另一方面，那种情况在特定背景下发生过或正在发生，但我们既不能把它总结成所有媒体共同遵循的金科玉律，也不能相信由于某些人有欺骗别人的想法，他们就能以系统性的方式把那些坏心思付诸实践。

在独裁背景下，例如阿根廷从 1976 年开始经历的事情，在政府犯下某些暴行时，媒体却缺席了，这种情况只能解释为政治权力运作的结果。与此类似，在马岛战争期间，"我们在渐渐赢得战争"这句口号也是强势政府运用政治权力制造出的东西。不过这还不足以说明问题。

媒体建构现实的神话默认媒体在公共交通、工作单位、大小广场上进行的公民生活都不算是现实。更准确地说，它假想出的公民形象应该是整天把自己关在房间里看电视、无条件地接受媒体上放出的一切图像和声音的人。

这样一来，这个神话就和无辜社会神话扯上了关系，它们都把社会视为受害者。它忽略了在马岛战争期间"我们在渐渐赢得战争"的口号被人们广泛而热情地接受。我们回到作家鲁道夫·福格威尔回到家的那个场景中去，回想一下他母亲对他喊的那句话："我们击沉了一艘船！"从这一经历出发，在没有得到完整信息的情况下，福格威尔想象着生活在马尔维纳斯群岛上的人们正在经历的事情，让人吃惊的是，他的描述后来被证实比当时大多数的媒体报道更加接近"现实"。

造型艺术家莱昂·费拉里（León Ferrari）将他的一件作品命名为"我们当时不知道"（参见"爱国神话"题解部分）。在阿根廷各阶层的人被问及他们在面对之前发生的那些政府暴行之时，为什么他们没有做任何事情来进行抵抗，这些人经常会用费拉里那件作品的名字来回答那个问题。费拉里收集了许多1976年的媒体剪报拼凑成了那件作品，它们有的是对审查制度的嘲讽，有的则只是在推动恐惧蔓延。通过那件作品，费拉里向我们指出：尽管当时没人像鲁道夫·沃尔什那样给自己的文字起大胆的标题，还是存在着一些有可能被人们阅读到的新闻报道。然而，这个社会中的大部分人还是"不想知道"，他们甚至对正在自己身边发生的事情没有一个准确的概念。

最后，奥斯卡·兰迪（Oscar Landi）写出了一篇内涵清晰的文章，把我们常说的"读出言外之意"概念化了。兰迪表示，在专制背景下生活的读者们会发展出一种解读消息的能力，他们往往能从文字里读出比那些文字直接描写的更多的信息。庇隆曾说过一句很有名的话，"1945年时所有的媒体都反对我们，我们赢了；1955年时所有的媒体都支持我们，我们输了"，如果说媒体真的可以随心所欲地建构现实，这种行为本身也就不再有意义了。政治生活中满是类似的例子。

毫无疑问，无数政治、经济、体育方面的斗争会通过媒体进行。小型流言，后来被证伪的"爆料"，被断章取义的表述，缺失依据的夸张消息，被当成真相包装的推测，被篡改含义的消息以及其他混淆视听的机制和风格，它们都能被用来撒谎和制造影响人民生活、经济生活、政治发展轨迹的真实效果。它们造成的破坏可能有其重要性，但绝不具有决定性意义。

媒体是掌握着权力的，但是只要存在着哪怕一丁点多元视角，那么无论谁想要建构现实就必须让所有人都认同它。无论在任何情况下，现实都是不安骚动的。甚至在自由缺席的背景下，在"我们在渐渐赢得战争"这种想法都能够轻易传播的情况下，那种"建构现实"的行为也难以持久。且不说这种极端例子，其实每个人都会以特殊的方式来评价自己在工作中、逛街时、超市里经历的事情。不管媒体怎样报道失业问题、通胀问题、工资问题、退休问题，人们对这些问题的看法还是与媒体之外的个人经历相关。但是媒体可以组织日常对谈活动，也就是说，哪怕媒体不能向人们指明去想什么，却也的确能够引出某些话题，让人们优先注意到它们：它们提出某些议程，同时又让其他一些话题隐身不见。

由于这些神话环环相扣，我们从一个神话中跳出来，只会坠入下一个神话中。

媒体没有影响力，消费者可以按照自己的
意愿解读信息

> 每个人都按照自己的意愿解读信息。他们能自由决定自己想看些什么以及如何解读它们。

实际上，正如大卫·莫雷（David Morley）解释的那样，观众可以表现得很积极，但他们并非无所不能。他们能够以许多方式解读他们看到的东西，可以认为那些东西是真的或是假的。然而他们无法通过媒体公开传递其他信息。当然了，人们可以利用新兴技术通过其他渠道制造各种各样的信息。在危机时刻或压迫时刻，这种新的可能性会更显示出其令人难忘的重要性，正如在埃及和其他一些国家最近发生的反抗运动表现出的那样。然而，认为由重要媒体发布消息和由普通人在脸书或博客上发布消息毫无差别是荒唐的。这种想法否认了权力分布不平等现象的存在，也否认了那种现象是文化、常规、常识的产物。

正如曼努埃尔·卡斯特尔斯（Manuel Castells）所言：

> 如果说各种权力关系大多是在人脑中形成的

话，如果人脑中意义的建构主要依赖来自媒体网络的图像和信息的流动，那么看上去总结说权力存在于媒体网络和拥有它们的公司企业中就符合逻辑了。这个结论可能符合逻辑，但根据经验能够判断出它是错误的，因为如果说媒体网络是信使，那么它们本身并不是信息。媒体并非信息，尽管它赋予信息以形式，并将之传播出去。信息就是信息，信息的输出者位于构建意义这一活动的源头。实际上，输出者是那种构建活动的条件之一。另一个条件是接收者的头脑，无论是个体意义上的接收者还是集体意义上的接收者。通过集体思维可以理解信息背后隐藏的文化背景。

新技术使交流更民主了

互联网及其他许多渠道的存在提供了多元化的发声平台。如今，单纯的消费者已经不存在了，我们都是生产消费者①。

---

① 著名经济学家比尔·奎恩（Bill Quian）在《生产消费者力量》（*Producing Consumer Power*）一书中提出的概念。

媒体的例子对于我们理解神话的运转机制来说很有意义。存在着一些截然相反的论断：媒体掌握所有权力，媒体缺乏权力；消费者是自由的，人民都被愚弄了；信息越来越集中了，信息越来越分散了。人们什么都可以说，而事实上人们也确实是这样做的。就媒体这一话题来说，人们总是在神话之地转圈圈，从一个神话跳去另一个神话。

媒体会对所有事件发表看法，而所有人又会对媒体发表看法。但是要理解媒体的处境就必须明白它不是什么远离社会的存在，明白理解媒体的行为就意味着需要考虑更广阔的社会、文化和政治背景。媒体、记者、新闻生产者、撰稿人都是社会的组成部分。如果说大部分阿根廷人都相信我们在这本书里分析的神话，那么为什么不相信撰稿人、故事类栏目导演或记者写出来的东西呢？欧洲飞地的形象和关于我们国家灾难的神话在许多记者心中同样根深蒂固，在这方面，他们和社会上的其他人没什么区别。不过也有一些记者、撰稿人和当事人会怀疑这样或那样的神话。

因此，当人们坚称有更多的发声渠道就意味着出现了更多元化的社会，或者说更加多元化就意味着更加民主，他们肯定忽略了媒介问题，忽略了人们接受信息的意愿问题和那些根深蒂固的文化形象问题。举个例子，我们可以用数十年时间去创办一个电视台来报道原住民村落的生活状况，可是那些村落在人们心中的形象可能只会发生一点改变，又或者压根就不会产生变化。事情很简单：有偏见的那些人可能根本就不会去看那个频道的节目。只有当那种行动融入学校教学发展过程中的时候，当那些村落更积极地参与公共生活和政治生活的时候，那些信息的重要性才能得到加强。

在阿根廷，大部分观众家里安装的都是有线电视，他们更喜欢看电视上播放的节目。正如吉列莫·马斯特里尼（Guillermo Mastrini）的研究证明的那样，3/4 的"有线电视用户"只通过电视收看节目。这个数据意味着什么呢？意味着在接收信息及消费的方式方面存在着一些我们久已习惯的文化霸权。

如果说一方面新兴技术对于创造极具潜力的民主化平台来说至关重要，那么另一方面我们也要明白人们固有的接受方式对其施加了限制。那些限制不会被无限的选项所打破，这些选项只会让那些厌恶"高收视率"节目的人感兴趣。从这个意义上来看，在为多元化发声渠道创造更多可能的同时，还应当指出存在着这样一批观众，他们就喜欢看传统电视，就喜欢看那些聊关于阿根廷的传言的节目或是娱乐节目。

所有媒体都有特定的政治身份

> 所有在媒体工作的记者都是那家媒体的化身；
> 所有在报社工作的员工都代表那家报社。

毫无疑问，所有媒体和栏目都有某种占主导地位的意识形态或发展方针起指导作用。不过，在设计那种发展方针的时候，许多因素会参与进来，有时这些因素彼此之间还会产生冲突：集体利益、意识形态传统、商业利益、传媒逻辑、可用资源、大众喜好等。在对旧式媒体进行分析的时候，我们会发现在某些时期（例如19世纪），许多报纸都从属于某个特定政党，每个政党都有自己的报纸或尝试拥有属于自己的报纸。后来，在20世纪的不同时刻，出现了许多纯商业的报纸和广播电台，它们背后的意识形态因素或大或小，但都以营利为主要目的。这也意味着媒体的受众面扩大了，因为在那些媒体上播送的消息很多时候已经不再像之前那样严重受到党派意识形态影响了。

除了媒体与政治派别之间的关系之外，还应该注意商业逻辑与发展方针之间的关系。因此，一个更加详尽的分析可以清楚地证明哪怕是具有某种政治指向性的报纸也会刊登成百上千篇倾向各不相同的文章，在意识形态目标之外，它们还要追求媒体或商业目标。同理，哪怕属于同一集团的媒体或栏目也不会全都抱有同样的政治倾向。显然，这是一种受限制的多元化，媒体不会把一切妖魔鬼怪都拿来报道，也不会允许所有事情都变成新闻。

有两种方式可以用来看待特定电视台与政治的关系。其中一种方式从下面这种想法出发：那家电视台的所有记者都以同样的方式思考和行动。另一种方式则聚焦于其中的微小差别、对立态度、公开程度、或大或小的争执。的确，所有人都"受到某些条件的限制"，因此没有任何一个员工会用自己的文字来批评他所工作的媒体。这是显而易见的，所有人都接受了这种情况，完全无需刻意去完全消除每家媒体内部的紧张情势。

除此之外，还应该考虑到媒体的指导思想和从业者所信奉的理念之间的对立冲突问题。许多记者很关注细节问题、每则消息中的积极方面或消极方面以及应该从哪个角度来评价这些消息。但是有的媒体或电视台会坚持某种特定的理念，认定政府的政策都是坏的或者都是好的，原因就只是那些政策是政府推行的。这是一种提前做出的判断。这些年里出现过许多案例，很多消息的内容（由记者撰写）和它的标题（由编辑拟定）南辕北辙。

当然了，也有很多记者把其供职的媒体的发展方针视为金科玉律。我们要说的是，在所有媒体中都存在立场各异的记者，有时候他们会把自己的真实想法表露出来，如果我们留心读或留意听，是能够察觉到那些蛛丝马迹的。

政治只在媒体中存在

后现代性意味着政党、党派行动和战斗精神的终结。技术方面的变革把政治削弱成了只能借助大型媒体发声的东西。呐喊与旗帜已经走到末路了。

媒体政治的时代降临了。

20世纪90年代时，人们开始相信所有的政治活动都发生在媒体上。人们谈论"政党的终结"，认为这是以土地运动、工会运动和学生运动为基础的结构形式；人们还谈论形象建构对战斗精神的替代；面对面搞政治的时代已经走到末路了，取而代之的是在电视上谈政治。这对于那些把战斗精神视作问题的政治家来说很有利用价值：那种精神常常能在选举中支撑某些候选人，又在其当选后施压让他们履行某些承诺，让他们不违反某些约定，迫使他们在体制内解决问题。许多政治家很欣赏军队中那些富有战斗精神的人员，但是他们同时厌恶这些人有自己的想法和意见。有些出身戎马的政治家和某些政治理论家则认为，各政党所面临的问题之一就是战斗精神，这正是因为它平衡了那种各方协商选择领导人的平淡趋势。当然他们不会这样说，他们说战斗精神不符合国际视野的要求，只有卓越领袖才能捕捉到后者。这些人有时在安放"卓越领袖"的头衔时表现得非常慷慨，甚至把它安到自己或他们喜爱的政治人物头上。

极端情况下，这个神话身上还得加上另一种认为现实是由媒体构建出来的神话。由于阿根廷是一个"慷慨的"国家，就出现了一种不可思议的情况：有人试图把这两个神话体现到政府政策层面中去。也就是说，以如下前提为基础来执政：不在乎社会和经济以何种模式运转，重中之重在于媒体宣传。这就相当于认为巧克力口感好不好无所谓，包装广告做得好就行。你当然可以这么做，但是消费者只会买一次那种巧克力。广告无法改变食物的口感，正如同媒体宣传缓解不了贫困问题一样。就这样，在 20 世纪 90 年代"后现代"达到高潮的时候，我有很多次忍不住想对那些深受上述想法毒害的年轻公务员们呐喊："重要的不是媒体，而是**现实，傻瓜！**"

20 世纪 90 年代，电视政治让许多人觉得战斗精神已经走到了末路。近十年来出现了一系列研究成果，针对的就是认为政治和大众舆论取决于某人的媒体技术的产物。哈维尔·奥耶罗、萨比纳·弗雷德里奇（Sabina Fréderic）和其他研究者已经证实了人际维度在日常政治构建中的重要性；这些研究可以被用来对抗某些西方后现代政治神话，例如"人们根据从电视上看来的东西投票"，或者正如乌戈·比奥尔卡蒂（Hugo Biolcati）在不久之前说的那样，"人们就只想着在电视上看看蒂内利①的自我推销把戏，其他的事情他们就不在乎了"。奥耶罗也曾指出：

> 人们在社交网络中表现出的个体义务、忠诚、情感和信任具有如此巨大的影响力，足以和广播电台、电视相抗衡。尽管我相信把媒体网络和人际社交网络对立起来是种错误的做法，可我还是认为对前者的过分关注会让我们用依然占主导地位的现代社会学理念做分析时的维度受到限制：哪怕是在电视政治和媒体平台构建政治事件的时代，人际交往接触依然拥有基础性地位。

换句话说，在近些年里，许多政治家错在认为当阿根廷在政治上、工作领域、大学里发生了某个重要事件时，他们只需在媒体上抛头露面一下就足够了。持久稳固的政治建设并非仅特别依赖媒体宣传。矛盾的是，从基础层面来看，后现代政治就是一系列在媒体上的曝光。这种政治享受着战斗精神缺失带来的好处，掌权者只需和一小部分忠实的追随者，或者至少是一部分不会跟他们产生严重分歧的人分享权力和操

---

① 指马塞洛·蒂内利（Marcelo Tinelli），曾任阿根廷足球联赛主席。

控力。可如果我们认为电视政治依然是个神话，我们就能大胆向那些人预言他们的未来：那种政治将永远是一场空。

14

虚假平等主义神话

　　"平等"是法国大革命传播的三大思想之一。面对遍布殖民地美洲的宫廷贵族社会，它呼吁王座属于"尊贵的平等"（我们的国歌里[①]也有类似的优美表述），同时它还呼吁进行社会和文化方面的变革，这些变革至今仍未彻底完成。在19世纪时，奴隶制被终结，到了20世纪，性别平等取得了长足发展。然而，至今仍然在不同性别、阶级、地区以及印第安村落与最有权势的区域之间存在着不平等问题。在胡胡伊省（Jujuy）出生的孩子和在布宜诺斯艾利斯出生的孩子所获得的机会显然是不一样的。

　　平等思想维持和制造出了大量建议和诉求。但是我们依然会陷入虚假平等主义制造的某些陷阱。第一，实际上并非所有人生而平等，因此某些人就比另一些人享有更多机会。第二，我们经常把平等思想限

---

① 1813年被确立为阿根廷国歌的《祖国进行曲》是拉丁美洲的第一首国歌。

于机会平等，而我们实际面临的问题要更加复杂而深刻。第三，出现了某种所谓的进步思想，它认为最好我们所有人都在享受平等的情况下"向上走"，可没有人愿意承担这一过程中必须付出的代价。第四，信奉右翼的社会平等理念并不意味着要相信人和人之间不存在差异性，可是天赋、努力或知识方面的差异并不意味着社会必然不公，尽管某些演讲稿是这么说的。平等的希望也不意味着我们所有人都能成为伟大的工程师或技师。

我们都是中产阶级

> 阿根廷是个由中产阶级组成的国家。

我们是否都曾在某个时刻表示自己属于中产阶级呢？我们是否曾听到那些住在简易住房中、开着有年头的旧车的劳动人民说他们属于某个阶层，然后又听到拥有乡间别墅、两辆汽车、经常到国外度假的人说自己属于同一个阶层呢？人们真的清楚自己在社会金字塔中所处的位置吗？事实上，能搞清楚这一点的人很少，或者压根没有。大部分人都对自己在这个社会中所处的经济层面的位置没有清醒的认识。

因此，所有人都认为自己属于中产阶级。我在 2011 年时曾和威尔金斯（Wilkis）以及比达塞卡（Bidaseca）一起开展了一项调研，布宜诺斯艾利斯及其周边地区近 80% 的居民明确认定自己属于上层阶级、中产阶级或下等阶层。根据克鲁塞斯和特塔斯的调研，近 70% 的居民认为自己属于中产阶级。换句话说，认为自己属于中产阶级的居民占比之高让人感到十分吃惊。这些研究者，再加上马丁·拉瓦利昂（Martin Ravallion）的研究成果表明人们对自己的收入的主观定位与他们客观所处的经济地位之间往往存在差异。正如卡内曼和特沃斯基[①]所指出的那样，人们通常习惯根据周围人的情况来做出某些推断，而不会考虑他所处的人群在整体中的位置。

也就是说，无论经济条件怎样，人们总习惯盯着那些与自己相似的人看，所以他们往往会过高估计自

---

① 指丹尼尔·卡内曼（Daniel Kahneman）和阿莫斯·特沃斯基（Amos Tversky），两人是亲密无间的研究伙伴，前者于 2002 年获诺贝尔经济学奖。

己周围的环境在整体中的代表意义。这样一来，人们对自己的收入所占地位的看法往往会向中心流动，"因此，人们在评价一项公共政策是对其有利还是有弊时往往会出现偏差"，克鲁塞斯和特塔斯如是说道。

埃斯基埃尔·阿达莫夫斯基（Ezequiel Adamovsky）表示，在20世纪的不同时刻，"中产阶级"身份经常被建构出来，其目的是与另一群被剥削更严重的人区分开来。一个有趣的结果是我们所有人很多时候都在谈论那些被排斥的、失业的、不稳定的"大多数公民"，可在被问及自己的身份时，有70%～80%的人都认为自己身处中下或中上阶层。在我们的问卷中，只有20%的人认为自己属于下等阶层。最后一个数据：几乎没人认为自己属于上等阶层——这个数字占比只有1%。

所有人都生来平等

和每个民主社会一样，这里的所有人都享有同样的政治和社会权利。

所有女性也都生来平等吗？人类学家在很久之前就已经指出存在着阶级社会和平等社会。近些年来，我们所有人在法律层面上都是平等的。某人是"某某的女儿"并不重要，属于哪个贵族家庭也不重要，有没有权势也不重要。那些只在封建社会、殖民社会或是以血统论高下的社会才有价值。在阶级社会中，人们以各种不同的方式来区别对待平民百姓、普通人和有身份的人，农民、印第安人和非洲裔居民不可能跟上层社会的女性结婚，但是贵族成员可以肆意欺凌平民的子女而不受惩罚。经济、政治或宗教层面上的上层社会成员永远不会被与其他公民相提并论。同样地，哪怕他们犯了罪、接受了审判，他们也不会进普通人待的监狱。

完美的平等社会是不存在的。甚至在那些从意识形态和司法体系角度来看更加平等的社会里也是一样，总有一些与阶级身份相关的特例和机制存在。平等的概念问题和实践问题在历史的长河中不断变化。在美国独立战争时期，当"人人生来平等"的想法被提出来时，它既不适用于女性（她们在长达一个世纪的时间里都没有投票权）也不适用于奴隶，他们的生存境况一直持续到了19世纪后半叶。

阿根廷自认为是民主平等国家。法律也的确明确规定我们所有人都是平等的。在婚姻平等问题上，我们所有人都是平等的吗？不，有些人有权结婚，有些人则不行。我们在缺少进步的税收体系的情况下也是平等的吗？不，因为纳税少的那些人反而要求在教育和医疗方面投入更多。在六十几年前，阿根廷女性既没有投票权也没有参选权。再把时间往前推，她们连上大学的权利也没有。这些情况都已得到显著改善。相信在未来也会出现许多我们同样可以用"显著"一词来修饰的变化。

对于阿根廷社会来说，这个国家所有公民的生命都具有同等价值吗？Crónica TV 电视台的一个报道标题是"死亡三人及一个玻利维亚人"，它变成了有名的指示性话语。一种根深蒂固的社会偏见显露无遗。在我们于布宜诺斯艾利斯大都会区做的一项调研中，我们就出现伤亡的不同社会抗议事件询问受访者的态度。引发反响最大的是马克西米利亚诺·科斯特基和达里奥·桑蒂延被杀事件（34%），关注度相对较低的则是教师富恩特阿尔巴（Fuentealba）在内乌肯（Neuquén）被杀事件（19%）和马里亚诺·弗雷伊拉（Mariano Ferreyra）在铁路外包抗议中丧生的事件（16.4%）。然而，关注度低得多的事件是福莫萨（Formosa）的Qom族人罗贝托·洛佩斯（Roberto López）被杀事件（7%）。显而易见，在布宜诺斯艾利斯发生的命案要比发生在其他省份的命案更受人们关注。这个数据表现出一种强烈的不公平性。同时，富恩特阿尔巴的例子说明人们对教师被杀事件的关注度要高于印第安人被杀事件，尽管两起事件都发生在远离首都的省份。这些都是不公平文化的表现形式。所有人都可以问自己这样一个问题：如果从理论上来看我们所有人都生来平等，难道我们在死去时就已经变得不平等了？阿根廷社会在面对与政治相关的死亡事件时表现得越来越缺乏容忍度了。在阿根廷，镇压的合法性问题会因区域不同和受害者身份不同而出现差异。

在阿根廷，针对某些个体或集体的特权分级会随地域和种族等级的变化而变化。那么这种变化又为何不能体现在生死问题上呢？这些真实的和司法方面的不公正现象伴随着我们的生活，这只是众多例子中的一种。我们只不过考虑到了与政治相关的死亡事件中表现出的差异性。如果我们考虑的是由营养不良问题造成的死亡，我们的案例数量就更多、内容就更"丰富"

了。如果我们考虑的是政治权利方面的平等性问题，我们可以证实当劳动者无法在不同领域组织起来的时候，那种平等性是缺失的，也许我们还应该提到在选举过程中经常出现的维奇人（los）的身份证件被重复使用的问题。

穷人和富人拥有同等机会

> 我们所有人只要肯努力奋斗就都有发展的可能性，无论我们是生在山沟里还是生在马德罗港。

我们梦想实现自己的理想，有朝一日能生活在一个平等的社会里，那个社会能保障所有人的一切权利，可是前一个神话中的那些数据让我们意识到了所有的不公。不过阿根廷人依然经常谈论平等话题，阿根廷人也总是把不同类型的平等搞混。"平等"这个概念的意义看上去是很清楚的，可实际并非如此。

平等意味着我们所有人都应该赚同样的工资吗？举个例子，在一些2001年和2002年恢复元气的工厂里就有人提出过类似问题。如果所有人赚的钱都

阿根廷迷思

一样多，那么那些口碑更好、素养更高的员工肯定会在不久之后就着手寻找一份认可他们的能力和价值的新工作了。实际上，如今没有任何工会组织会认为平等就是同等工资的代名词。所有企业中都存在工资差异，而工人们也会觉得那种差异是公平的，无论其依据是资历还是工作量抑或是评定等级。在那个例子里，"平等"意味着最有资历或获评等级更高的人能赚更多一点钱。

很明显，所有员工都能凭借工作年限慢慢赚取更多工资，但是，所有人都有同等机会来获得更高的评定等级吗？好吧，在阿根廷（世界其他大部分国家并非如此），公立大学是免费的。尽管如此，那也不能保证机会平等：有人需要每天工作十个小时来购买生活必需品和教材，还有些人根本不需要这么做。在那种情况下，家庭背景更好的学生更可能获得更高的评定等级。许多需要半工半读的学生最后都放弃了学业。这或者是因为从一开始就不存在什么真正的机会平等，因为缺乏很多促使平等出现的条件。举个例子，为最需要它的学生们设立的助学金。现在存在一套奖学金体系，一些低收入学生能获得奖学金。可这足以保障机会平等吗？它能促进机会平等，这一点毫无疑问，但我们不能忽略其他不公情形的存在，那些学生可能难以接触到其他文化因素（例如学习其他语言、阅读更多书籍），而家庭条件优越的学生则不存在这方面的问题。

条件方面的平等最终会制造出结果上的平等。某些经济收入更高的群体中的年轻人并不见得比收入更低的年轻人"更加聪明"。如果限制后者获得机会的所有不公现象都得到纠正，那么来自各个阶层的年轻人的毕业率就应该差不多。

然而，正如弗朗索瓦·杜贝特（François Dubet）的研究指出的那样，"机会平等"本身可能也是个神话。这个概念向工人子女保证他们绝对会和富裕家庭子女拥有同样的机会。但是它却不会考虑这个社会给二者之间安放的藩篱。杜贝特坚持认为"地位平等"的概念考虑的更多是如何降低那种藩篱的高度，而非允许分属不同社会阶层的人之间进行流动。

这个问题十分复杂，我们阿根廷人却经常把它简单化。因为人人平等，有时我们会编造出其他神话来。有人认为既然人人都有受教育的权利，那么就应该所有人都能上大学，入学后的各种条件也该都一样，或是都应该能毕业，又或是都得高分，这些想法都很荒唐。还有一个起源于过度"社会化"的神话，它认为如果某个学生没能像其他学生一样学有所成，那么问题肯定出在社会身上，与他个人无关，也就是说，与他的意愿、意志和努力无关。每种情势都有正反两面，在它们之间找平衡往往会把事情变得更加复杂。

"人人平等"神话的极端状况还体现在奥斯卡·特兰（Oscar Terán）称为"政治冷漠"的态度上：我们所有人都是"伟大的教练"。[①]

我们所有人都是"伟大的教练"

足球领域没有专家，因为我们所有人都是专家。任何领域都没有专家，我们所有人都是平等的，懂得都一样多。

---

① 指阿根廷《号角报》（*Clarín*）设计的足球游戏"el Gran DT"，在游戏中，玩家们可以从阿根廷足球甲级联赛中选择 15 名球员组成自己的虚拟队伍赚取积分，该游戏名称意为"伟大的虚拟教练"（el gran director técnico de fantasía）。

"平等"包含多种不同的维度。我们已经提到了机会和地位问题。但是，您同意让随便什么人来给您的孩子做外科手术吗？肯定不行，这时候我们就不再谈人人平等了。有些人努力学习、刻苦实践，所以他们具备更多的知识。另一些人则不是这样。修桥梁和盖大楼是不是也是同理呢？毫无疑问。可是突然，在某些情况下，我们阿根廷人遭到了虚假平等主义的攻击，我们把平等变成了"政治冷漠"。特兰说我们在与已获得的权利相关的意愿和思想方面"是个幻想中的平等社会"。这对他来说是积极的一面，可是与之对应的还有平等主义的另一张面孔：政治冷漠，也就是说，"某些与民主无甚关联的阶层的无知状态。这是典型的阿根廷社会的产物。只要走上街头就能发现这种情况：那些没有学问、举止粗俗、毫不努力且没有任何专长的人却敢针对任何话题发表看法。其引发的后果必然是混乱不堪的"。

那是种虚假的平等主义。是在扭曲现实、把水搞浑。我们试着让所有人都有同样的可能性成为医生，还试着让在贫穷国家中工作的医生不能成为百万富翁（因为地位要平等），但是却不愿意让那些不能也不会学习的人来做手术、设计桥梁或在中学或大学里教书。深刻的平等主义不抗拒差异性，也不会试图让所有人都当教练、药剂师、历史学家、艺术家。而且它有强大的力量来批评任何专业组织或个人，但是它不会认为随便什么人都可以替代那些术业有专攻的人。

没有任何一个民主社会能够由那些反智的人执政。新自由主义经济学家们就是这样打算的，他们认为只应该按照他们信奉的那套学说来制定措施。一个承认知识重要性的社会不会因此就接受所谓的专家政治。只是应该被用来为集体政治决策服务，同时没有任何一项集体决策会消除某些知识的存在。

我们还拿"不安全性"举例子。尽管出现了诸如"应该把罪犯都杀死""坏人该被杀光"或"零容忍态度有助于降低不安全感"等神话，依然有些情况不容我们忽略。不少社会学研究已经证明"强硬手腕"无助于降低犯罪率，因为引发犯罪的某些社会原因是无法用零容忍政策抹除的，反而会激化它们。举个例子，把穷人区隔绝开来的政策以及大肆将人投入监狱的做法都会造成犯罪率上升。尽管死刑政策或某些"铁腕政策"会在公民投票中获得众多选票，可这并不意味着它们能起到理想中的效果。可如果公民们愿意生活在神话之中，他们就得明白这一点，他们有权选择这种生活。当然了，他们也绝对有权利选择逃离神话之地。

我们再重拾"政治冷漠"的话题，一个平等社会将会承认某些阶级的存在，只不过它不会以金钱、权力、出身为基础，而是以努力、行动、知识、民选等因素为基础。阿根廷在平等概念上的混乱每天都在困扰我们，它阻碍我们清楚地理解公正问题。

应该向上看齐

下层的人应该向上发展，但不应该是我掉下去，也不应该由我让出特权。我希望这个社会没有穷人，不过我的饮食水平不能降低；我希望公立教育得到发展，但是我不想纳更多的税。

中上阶层，包括所谓的进步人士，很多时候坚持认为政府应该让人们"向上看齐"。这意味着他们不在意（甚至可以说他们希望）位于下层的人能有渠道进入他们的阶层里来。但这是不可能的。

只是在历史上的某个特定时刻才会出现"向中产阶级看齐"的情况。因为想让受困于悲惨生活的人们改善他们的处境只有一条路可走：更好地重新分配财富，这意味着需要就什么人、如何纳税展开讨论。在每个时刻，一个社会只能寻找一种它认为公平的分配方式。为了缓解社会不公问题，中上阶层以及更高阶层的人们应该纳更多税，以使得整个社会具有更多的公共资金。

一个社会的经济分配制度可由三方面来评判。第一，它应当允许通过人民收入情况来判断社会不公问题的轻重。举个例子，我们知道占比10%的最高收入人群占有总财富30%或40%的份额，而10%的最低收入人群只占有总财富1%或2%的份额。第二，通过税收情况应当可以体现社会不公问题的轻重。由于更有钱的人交更多的税，更穷的人交更少的税，收入不公问题会减弱，这种体系被命名为进步税收体系。如今，如果收入税降低，消费税又维持在高点，社会不公问题将会加剧。这种体系被称作退步税收体系。第三，要在公共支出使用后才能体现出来。如果公共支出把自己重新分配给那些收入更少的人——通过退休金、育儿津贴、医保、教育补助和公共交通补助等形式发放，社会不公问题就会得到缓解。在当今阿根廷社会中，我们说得概括一些，可以认为公共支出是进步的，但是税收体系显然是退步的，可是在综合考虑扣发工资政策和其他措施之后，就很难说清楚它是进步的还是退步的了。这一点与众多税务神话联系紧密。

如此一来，我们就能明白"应该向上看齐"这句话是没有意义的，因为它否认了社会不公问题的真实面貌：不公是一种存在于各收入阶层之间的关系。无论何时，我们只能带着所有阶层向中间靠近，换句话说，降低扎在高收入和低收入人群中间的藩篱（要在纳税和公共支出完成后判断人们所属的阶层）。

结语

神话之地

神话就是如此：说归说，可我们总是在传播同样的内容。它们抵抗现实，而它们的力量就生自其内容的不容置辩性。它们仿佛就是事实：纯正、绝对、清澈。这是值得怀疑的。

我们阿根廷人深受某种怪癖之害：炮制神话、生活在神话之中。是所有人都如此吗？好吧，在神话之地，有些人生活得很快乐，有些人对此一无所知，有些人则利用这些神话算尽心机。但是这种怪癖的确影响了我们所有人。在面对五光十色的现实时，我们对那种所谓清澈的话语十分着迷。

神话之地意味着某种心理上的混乱状况。这本书使用那个比喻的目的就是要确认在我们的政治文化里存在着夸大和扭曲某些论断的趋势，那是一种夸张地将某些局面、事件和人物神话化的趋势。在我们的文化里，那种神话化的行为的主要特征往往不是积极性或极端性，而是特殊性。**在神话之地的中心位置存在**

着某种阿根廷人的核心仪式：自我否定。如果我们无法逃脱那个牢笼——这本书意在为不同的牢笼提供不同的开门之匙，我们就会被困在神话和虚幻的庆典之中，继续在毫无价值的讨论中沉沦。

来到此书结尾部分了，我听到了一个微弱的声音在说着："嗨，难道就没有好的神话吗？艾薇塔和圣马丁的故事都是些激励人心的大众神话，难道你也想戳穿它们吗？"构建出一门没有神话的语言似乎是个不可能完成的任务，而且我们对人们是否需要这样的语言也存疑。这本书无意抨击所有阿根廷神话，而只是要用这些例子来证明我们阿根廷人依然被困在非常特殊的神话的牢笼中。神话阻碍了我们去反思自己，反思我们的国家在世界上所处的位置，反思我们到底是什么人，也阻碍了我们树立起清晰的公平观。神话有其价值，在不同的历史时刻会扮演特殊的角色，被不同的人群利用，而它的意义也会随着情势的变化而变化。

因此，可以说我们很难脱离神话生活。缺了神话，就像是生活缺少了信仰、故事和理想。那些叙事和比喻是我们生活的组成部分，但它并不能证明它可以在我们看不到的地方殖民现实。神话之地侵蚀着民主、平等和民族的思想,更有甚者,它会迫使我们想要在未来以根本不符合阿根廷国情的方式来建设这个国家,我们就被囚禁在了这样一个地方。从这个意义上来看,我们必须反思这一切为何会发生,我们又该如何改变这种集体化进程发展的方向。

的确,可以说有些神话推动了民主和平等的发展,但绝不是这些我们在这本书中提到的神话。生活在神话之地意味着困在一个为了说而说的空间里,一个为无理之事找道理的空间里,我们在这里不断重复着那些阻碍我们建设一个更平等国家的陈词滥调。

在神话之地里,罕见精巧细思,倒是夸张言辞泛滥;罕见细节分析,而是大而化之泛滥。这种话语体系让我们觉得安全、准确,使我们能够在无知的状态中继续沉睡。复杂的事物都被我们的话语过滤掉了,我们不断给现实做减法,更糟的是,那种机制对我们很不利,因为社会科学要求对复杂事物进行细致分析。我们对某些事物并不了解,此外我们还不知道自己不了解它们,因为我们都被困在了那些浅薄的辞藻之中。我们的国家需要我们在思考本国命运时摒弃那些神话。只有这样我们才能从另一个角度看清阿根廷，也看清我们自己。

当拉丁美洲各国碰在一起的时候，一场"瞧瞧谁是世界上最糟糕的国家"的竞赛就拉开了序幕。这话是墨西哥朋友罗萨娜·雷吉略（Rossana Reguillo）对我说的。阿根廷人总是在想动用他们所有的政治智慧赢得那场竞赛，而其他国家则一直表现得十分抗拒。在最糟糕的独裁、最糟糕的民主、最糟糕的新自由主义、最糟糕的衰落等方面，我们都是世界冠军。我们只好承认：如果有人想要相信这些想法，能做的事情也就不多了。现在，如果有人愿意建立起一种可衡量的、现实的标准，阿根廷可能也能赢得几场竞赛，然后再输掉几场。当然了，阿根廷人习惯拿自己的独裁政权与南锥体地区其他国家的独裁政权相比较——它们造成的死亡和失踪的人数显然更多。但那并非关键所在。关键在于我们自己的独裁政权毁掉了这个本来有广泛发展可能的国家。或者说，"我们的独裁政权是世界上所有独裁政权中最糟糕的一个"的想法至少有两个作用：一是它为寻求公正和补偿的诉求提供了正当性；二是那让我们觉得自己找到了毁掉这个国家的主犯。潜意识中相信阿根廷是世界粮仓的人的数量比我们认为的要多得多，他们毫无疑问觉得阿根廷是这个地区最有发展潜力的国家。

如果算上秘鲁或哥伦比亚的死亡人数，或是计算一下皮诺切特执政时期受镇压的智利人的比例，这种拉丁美洲竞赛的结果又会怎样呢？知道在秘鲁死了更多人实际上并不能证明阿根廷独裁政权的行为没那么恶劣，但是至少可以让阿根廷人明白他们不是唯一经历了这些灾祸的人。这些信息向"阿根廷是个例外"的神话发出了质疑。我们独一无二，可哥伦比亚人或秘鲁人也同样独一无二：我们不比他们更特殊哪怕一丁点。不过其实我们本来也并不特殊，因为这意味着存在着某种衡量标准（认为其他人都是野蛮人的想法也是一样）。那场争夺"全方位最糟糕国家"桂冠的战斗只是对国家中心主义的一次加以伪装的重申，是民族中心主义的国家主义变体，是细腻的民族中心主义借助其他渠道进行的引申。

我们需要解释两个人类学领域的简单概念。对每个社会进行反思时，民族中心主义都是个关键性术语。我们阿根廷人需要思考这个术语在我们中间体现出的特点。从普遍意义上来讲，"民族中心主义"意味着不带批判色彩地用某种"特定"价值观来识别我们自身的价值。这种态度倾向于认为那些与观察者不属于同一群体的人是"野蛮人""蛮族""欠发达的人""不文明的人"。正是这种想法把我们引向了那些爱国神话。

通过赞誉其他国家来贬低本国的做法在人类学领域被称为"逆向民族中心主义"。逆向民族中心主义也有两个类型。第一种与异域情调关系密切，为了批评本国社会，它会先创造出一种"美妙的野景"。尽管我们自己就身处城市之中，我们还是能够通过理想化乡村生活来批评城市生活，我们不会考虑那种生活之中的苦难。第二种类型在第三世界国家传播甚广，它的核心思想是理想化那些"文明国家"。举个例子，第三世界国家常会认为在那些模范式的"发达国家"里没有腐败事件——哪怕有安然公司造假案和"净手运动"出现，还会认为在那些国家占主流的是最本真的民主——尽管在那些国家也发生过屠杀事件和对军事政变的支持。在这两种类型中，当人们理想化出一个不同的世界时，他们对了解和理解"其他人"并不感兴趣，他们只是利用某些所谓的文化特点或道德特点来给他们自己的社会进行定位。那种逆向民族中心主义就隐藏在我们的许多当代神话的根源之处，尤其是衰落神话和新自由主义神话。

在最杰出却又不被大众所知的一篇历史社会学论文中，诺贝特·埃利亚斯[①]指出民族国家的形成历史会在居住于其中的人身上留下印迹，影响到他们感知、体验、定义、想象、感觉和行动的方式。从19世纪开始，国家认同的产生机制把它的学说与民族联系到了一起，这种做法最大的成就之一是：任何关于阿根廷的不同想象的出发点都是"清除"敌人。正是这种思想使得我们国家20世纪的历史及政治文化沾上了烈火和暴力。

两分法和对立的政治身份是随着阿根廷的建立而出现的。19世纪中叶独立之后不久，"国父们"就在"文明与野蛮"的二元对立基础之上构建出了他们的民族计划，而阿根廷也经历了在集权派和联邦派展开的内战；直到现在，阿根廷人惯用的一个基本的分类方式就是把人分成"首都人"和"内陆人"。这是一种历史的两分法结构，它成为掌控阿根廷在20世纪后半叶发展的核心旋律。庇隆主义和反庇隆主义实践并重新

---

① 诺贝特·埃利亚斯（Norbert Elias, 1897—1990），德国著名社会学家。

定义了阿根廷的历史两分法。在 21 世纪，又出现了基什内尔主义和反基什内尔主义。

在阿根廷，决裂对立的立场总会横在这个国家历史的关键时刻，它们还具有一系列相似特点：对循环性危机时刻的划分方式与首都和内陆的空间划分方式相同，它们都是被投射到其他象征性空间中的对立形式。如果说我们的时间、空间和对民族感念表现出的情感中缺少细节，那么看上去让细节出现在政治思想和政治实践领域的尝试就显得缺乏理智了。同时，如果说埃利亚斯的论文是正确的话，只有从构建出"国家—民族"概念的政治领域出发，我们的思考和行为方式才有可能随着时间和空间的转变而慢慢改变，也就是说，新的历程会在我们的政治文化中慢慢沉淀、积累起来。

政治人物不认为他们的思想和行动在文化层面上是已经被决定好的，可实际上政治文化依然在掌控着他们的行为和表达方式。就阿根廷来说，反思历史的断裂性和政治身份的两分法带来的文化效应，能够允许领导者们在义化层面展开行动，而不是仅限于遵照既定剧本来"演戏"。

摆脱民族中心主义和逆向民族中心主义，也就意味着摆脱我们根深蒂固地看待自己的方式。脱离强迫我们认为自己要么最好、要么最坏，把周围的一切事物都视为或奇迹或灾难的两分法，也就意味着学会用细节来进行思考。所谓细节，就是指位于我们阿根廷人在谈论这个国家时使用的非此即彼的两分法之间的所有可能性。这实际上是一种邀请，邀请我们改变我们在思考这个国家的经济、政治、文化和历史时最常用的那些思维模式。

这不是说我们必须在社会和政治生活里出现的冲突和对立中保持中间立场。用细节去思考并不意味着我们不能有明确的态度。曾经有、现在也依然有外国利益集团妄图把阿根廷的财富和资源据为己有，这一点千真万确。贸易、土地、石油、金融、黄金和锂矿曾经是、现在也依然是为数不多但实力强大的某些集团虎视眈眈的东西，这一点也显而易见。这本书的目的是避免把问题简单化，不要把那些利益单纯地和"民族"利益挂钩，因为打着"民族"的旗号与那些利益集团做交易的行为同样层出不穷。这本书假设有两种方式可以被用来处理上述问题。第一种方式要从身份的角度出发：要问问自己，提出建议的是什么人；如果是好人，我就支持他；如果是坏人，我就拒绝他。第二种方式要从内容的角度出发：我明白建议的内容；如果它有助于推动建立更广泛的民主和公平，我就支持它；反之，我就拒绝它。如果某人基于身份来思考某项提议的内容，他必然会发现身份问题要比他想象得更加复杂。

我们还建议做出第二种行动：**利用经过社会科学调研证实的信息而非扎根于我们的语言之中的古老神话来思考某些境况和内容。**大学和阿根廷国家科学与技术研究理事会里成百上千的研究者每天都在提供极具价值的信息、就不同主题做出重要分析。利用好这些材料、用通俗的语言把它们讲给普通群众听，这样一来，我们就能让公众论辩和公共政策具有更多知识层面的内容。

我们有必要提出具有前瞻性的观点，结合政府和社会组织的情况来制定政策，这样可以缓解非连续性问题和因囿顾总结过去的成就或经验而频繁变革问题。这要求我们做出努力，抛弃两分法思想，这种思想存在于把政治历程视为某种同质化的、奇妙的、短暂之物的逻辑中，也存在于用多元化方式处理关键问题的困难中，这种努力会在可持续的和日益增长的部分性共识中得到发展。任何利用民族概念区分社会或政治阶层的尝试都注定会在一种文化背景中深化那种两分法，那种文化背景指的是：只允许把民族性作为某种凌驾于各组成部分之上的民主集体概念进行重构。可是那些具有前瞻性的观点和政策只有在下列情况下才能被全社会广泛接受：放弃成为（或者认为自己已经成为）欧洲化国家的想法，同时还要从社会整体的角度出发，保障公民的各项合法权利。

两分法不是最佳道路，但这并不意味着否认要在所有领域取得更大程度的平等所需要面对的重重障碍。不能利用和谐的美梦来影响经济、思想或宗教方面的利益。不过在具体的情势下划定政治边界是一回事，不顾具体情况去坚持一分为二的身份对立则是另一回事。哪怕身份推动着历史的发展、记忆的建构，意味着忠诚和希望，我们也不能从非友即敌的两极化结构出发来建设阿根廷。那种简化的做法会让我们更难看清自己的错误和弱点，或是把"我们"和那些言行不符合那种身份要求的人分隔开来。

我们已经说过，从某种意义上来看，我们不可能离开神话思考问题。**一个社会在分析该如何做出抉择时所依据的不仅是科学信息，还有历史、传统和情感**。除了技术信息之外，民主社会在做出决策时还会考虑到价值、意愿、理想和恐惧。我们想要捍卫的东西如此简单，就只是人民和政府工作人员能够在民主背景下更好地做出决定，但同时他们还应该掌握更多的信息以及与这个社会相关的高质量的数据。**哪怕神话的存在不可避免，我们也应该终结那些阻碍我们正确思考我们的问题、挑战和各种可能性的神话。**

正如维特根斯坦①所言，"我们的语言中包含着一整套神话"，不过我们并非注定必须继承那些神话。我们可以改造神话，还可以限制那些阻碍我们的神话的威力，细节化的事物能够帮助我们认清自己的身份和所处的位置，还能帮助我们理解建设广泛民主和平等的社会时所面临的各种选择，我们应该朝着它们前进。

---

① 路德维希·维特根斯坦（Ludwig Josef Johann Wittgenstein, 1889—1951），英国哲学家、作家，分析哲学创始人之一。

致谢

感谢我在圣马丁国立大学和跨学科高等社会研究学院的同事们，我们每天都在一起攻克项目难题。

感谢.奥古斯丁·科索夫斯基（Agustín Cosovschi）和亚历杭德罗·嘉赫罗（Alejandro Gaggero），他们以助手的身份协助我寻找撰写本书所需的参考资料。

感谢那些与我一起就阿根廷问题进行过无数场对话的朋友们。他们是：内斯托·加西亚·坎克里尼（Néstor García Canclini）、佩佩·努恩（Pepe Nun）、卡洛斯·鲁塔（Carlos Ruta）、罗萨莉亚·维诺库尔（Rosalía Winocour）、爱德华多·尼冯（Eduardo Nivón）、马雷亚·金特罗（Mareia Quintero）、爱德华多·雷斯特雷波（Eduardo Restrepo）、内利·理查德（Nelly

Richard)、维克托·维奇（Víctor Vich）、奥马尔·里韦罗（Omar Ribeiro）、安托娜迪亚·博尔赫斯（Antonadia Borges）、巴勃罗·塞曼（Pablo Semán）、加夫列尔·凯斯勒（Gabriel Kessler）、克里斯蒂安·阿拉尔孔（Cristian Alarcón）、马塞洛·科恩（Marcelo Cohen）、格拉西耶拉·丝贝兰萨（Graciela Speranza）、佛罗伦西亚·阿巴特（Florencia Abbate）、亚利桑德雷·罗伊格（Alexandre Roig）、费德里科·内伯格（Federico Neiburg）、丽塔·塞加托（Rita Segato）、卡丽娜·比达塞卡（Karina Bidaseca）和西尔维娜·梅伦森（Silvina Merenson）。

感谢雅米拉·塞维利亚（Yamila Sevilla），她信任这项研究计划并带着批判目光仔细审读了本书最初的几个版本。我最近几本书都是在她的关注下逐渐写完的。感谢凯蒂·加尔德亚诺（Caty Galdeano），她为本书做出了重要贡献。

感谢卡洛斯·迪亚斯（Carlos Díaz），他从最开始就对这些神话表现出了极大的热情，此外他还领导着一支令人印象深刻的研究队伍。

尤其要感谢我所有的老朋友们。

感谢我的儿子卢卡斯（Lucas），他用各种各样的问题和不加修饰的惊奇反应让我了解到了关于我们的文化的许多细节问题。不久之前，他问我在 11 岁的年纪能不能读我写的另一本书：《文化的界限》（*Los límites de la cultura*）。我认为他最好能再多等等，还是先从这本书开始读吧。

感谢我的儿子马蒂亚斯（Matías），他是个敏锐的观察者、尖刻的讽刺家，他正在逐渐深入新的境界中去，也是他让我对足球重燃激情，这一点对于理解阿根廷的任何现象来说都具有决定性意义。

感谢卢希拉（Lucila），她是和我一起观察世界的人，我通过她了解了那些我无法深入的领域，我和她分享了执笔至此的一路旅程。他们三个让我度过了最美妙的时刻。

拓展阅读书目

Abal Medina, Paula y Nicolás Diana Menéndez, *Colectivos resistentes,* Buenos Aires, Imago Mundi, 2011.

Adamovsky, Ezequiel, *Historia de la clase media argentina: apogeo y decadencia de una ilusión, 1919-2003*, Buenos Aires, Planeta, 2009.

Amsden, Alice H., *Asia's Next Giant: South Korea and Late Industrialization,* Nueva York, Oxford University Press, 1989.

Auyero, Javier, *La política de los pobres,* Buenos Aires, Manantial, 2001.

— (comp.), *¿Favores por votos? Estudios sobre clientelismo político contemporáneo,* Buenos Aires, Losada, 1997.

Azpiazu, Daniel y Eduardo M. Basualdo, *Cara y contracara de los grupos económicos. Estado y promoción industrial en la Argentina,* Buenos Aires, Cántaro, 1990.

Barsky, Osvaldo y Mabel Dávila, *La rebelión del campo. Historia del conflicto agrario argentino,* Buenos Aires, Sudamericana, 2008.

Barthes, Roland, *Mitologías,* Buenos Aires, Siglo XXI, 2003.

Basualdo, Eduardo, *Estudios de historia económica argentina (desde mediados del siglo XX hasta la actualidad),* Buenos Aires, Siglo XXI, 2006.

Becerra, Martín y Guillermo Mastrini, *Los dueños de la palabra,* Buenos Aires, Prometeo, 2009.

Benencia, Roberto, "De peones a patrones quinteros", *Estudios Migratorios Latinoamericanos*, año 12, n° 35, Buenos Aires, CEMLA, 1997.

Briones, Claudia (ed.), *Cartografías argentinas*, Buenos Aires, Antropofagia, 2005.

Caparros, Martín y Eduardo Anguita, *La voluntad*, Buenos Aires, Norma, 1997.

Carnovale, Vera, *Los combatientes*, Buenos Aires, Siglo XXI, 2011.

Castellani, Ana, *Estado, empresas y empresarios. La construcción de ámbitos privilegiados de acumulación entre 1966 y 1989*, Buenos Aires, Prometeo, 2009.

— y Esteban Serrani, "La persistencia de los ámbitos privilegiados de acumulación en la economía argentina. El caso del mercado de hidrocarburos entre 1977 y 1999" , *H—industri@. Revista de historia de la industria, los servicios y las empresas en América Latina*, año 4, n° 6, segundo semestre, 2010.

Castells, Manuel, *Comunicación y poder*, Madrid, Alianza, 2009.

Cavarozzi, Marcelo, "Más allá de las transiciones a la democracia en América Latina", *Revista de Estudios Políticos (nueva época)*, n° 74, octubre—diciembre de 1991.

—, *El capitalismo político tardío y su crisis en América Latina*, Rosario, Homo Sapiens, 1996.

Centro de Estudios para el Desarrollo Argentino (CENDA), *La anatomía del nuevo patrón de crecimiento y la encrucijada actual. La economía argentina en el período 2002-2010*, Buenos Aires, Cara o Ceca, 2010.

Chang, Ha—Joon, *¿Qué fue del buen samaritano? Naciones ricas, políticas pobres*, Buenos Aires, Universidad Nacional de Quilmes, 2009.

Chiaramonte, José Carlos, *Ciudades, provincias, Estados: orígenes de la Nación Argentina (1810-1846)*, Buenos Aires, Ariel, 1997.

Cruces, Guillermo y Martín Tetaz, *Percepciones subjetivas de la distribución del ingreso y preferencias por las políticas redistributivas*, Fundación Carolina/CeALCI/CEDLAS, Universidad Nacional de La Plata, 2009.

Dubet, Frangois, *Repensar la justicia social,* Buenos Aires, Siglo XXI, 2011.

Elias, Norbert, *Los alemanes,* México, Instituto Mora, 1999.

Evans, Peter B., *Embedded Autonomy. States and Industrial Transformation,* Princeton, NJ, Princeton University Press, 1995.

Ferraudi Curto, María Cecilia, "Cuando vamos de piqueteros" , en AA.W., *La sociología ahora,* Buenos Aires, Siglo XXI, 2007.

Fréderic, Sabina, *Buenos vecinos, malos políticos,* Buenos Aires, Prometeo, 2004.

Frigerio, Alejandro, " 'Negros' y 'blancos' en Buenos Aires: repensando nuestras categorías raciales", *Temas de Patrimonlu*

Cultural, n° 16, Buenos Aires, 2006, pp. 77—98.

—, "Repensando el monopolio religioso del catolicismo en Argentina", en María Julia Carozzi y César Ceriani Cernadas (comps.), *Ciencias sociales y religión en América Latina: perspectivas en debate,* Buenos Aires, Biblos, 2007, pp. 87—118.

Gerchunoff, Pablo y Pablo Faigelbaum, *¿Por qué Argentina no fue Australia?,* Buenos Aires, Siglo XXI, 2008.

Giménez Beliveau, Verónica y Juan Esquivel, "Las creencias en los barrios o un rastreo de las identidades religiosas en los sectores populares urbanos del Gran Buenos Aires", *Sociedad y Religión,* n° 14/15, 1996, pp. 58-71. Grimson, Alejandro, *Relatos de la diferencia y la igualdad,* Buenos Aires, Eudeba, 1999.

— (comp.), *Pasiones nacionales,* Buenos Aires, Edhasa, 2007.

— y Marcela Cerrutti, "Buenos Aires, neoliberalismo y después", en Alejandro Portes, Bryan R. Roberts y Alejandro Grimson (comps.), *Ciudades latinoamericanas,* Buenos Aires, Prometeo, 2005.

Grimson, Alejandro y Alexandre Roig, "Las percepciones sociales sobre los impuestos", en José Nun (comp.), *La desigualdad y los impuestos. Materiales para la discusión,* Buenos Aires, Capital Intelectual, 2011.

Grimson, Alejandro, Ariel Wilkis y Karina Bidaseca, "Encuesta sobre desigualdad en AMBA", Informe de trabajo, Buenos Aires, en prensa, 2012.

Guber, Rosana, *¿Por qué Malvinas? De la causa nacional a la guerra absurda,* Buenos Aires, FCE, 2001.

Heredia, Mariana, "La hechura de la política económica. Los economistas, la Convertibilidad y el modelo neoliberal", en Alfredo Pucciarelli (coord.): *Los años de Menem,* Buenos Aires, Siglo XXI, 2011.

INDEC, Censos Nacionales de Población, 1869-2001. James, Daniel, *Resistencia e integración,* Buenos Aires, Siglo XXI, 2007.

Kessler, Gabriel, *Sociología del delito amateur*, Buenos Aires, Paidós, 2004.

—, *El sentimiento de inseguridad,* Buenos Aires, Siglo XXI, 2009.

Landi, Oscar, "El trabajo del lector" , en Jorge B. Rivera y Eduardo Romano (comps.), *Claves del periodismo argentino actual,* Buenos Aires, Tarso, 1987.

López, Andrés, *Empresarios, instituciones y desarrollo económico: el caso argentino,* Buenos Aires, CEPAL, 2006.

Lorenz, Federico G., *Las guerras por Malvinas,* Buenos Aires, Edhasa, 2006.

Mallimaci, Fortunato, Juan Cruz Esquivel, Gabriela Irrazábal y otros, *Primera encuesta sobre creencias y actitudes religiosas en la Argentina,* CEIL—Conicet, Buenos Aires, 2008.

Mármora, Lelio, "Mitos xenófobos" , revista *Tres Puntos*, Buenos Aires, febrero de 1999.

Martucelli, Danilo y Maristelia Svampa, *La plaza vacía,* Buenos Aires, Losada, 1997.

Marx, Karl, *Obras escogidas,* Moscú, Progreso, 1973.

Mattos, limar, "Um 'país novo' : aformagáo da identidade brasileira e a visáo da Argentina", en AA.W., *A Visáo do Outro,* Brasilia, FUNAG, 2000, pp. 57-96.

Morley, David, *Televisión, audiencia y estudios culturales,* Buenos Aires, Amorrortu, 1996.

Neiburg, Federico, *Los intelectuales y la invención del peronismo,* Buenos Aires, Alianza, 1998.

Nochteff, Hugo, "Los senderos perdidos del desarrollo. Elite económica y restricciones al desarrollo en la Argentina", en Daniel Azpiazu y Hugo Nochteff (comps.), *El desarrollo ausente. Restricciones al desarrollo, neoconservadurismo y elite económica en la Argentina. Ensayos de economía política,* Buenos Aires, FLACSO, 1994.

Novaro, Marcos y Vicente Palermo, *La dictadura militar, 1976-1983: del golpe de estado a la restauración democrática,* Buenos Aires, Paidós, Colección Historia argentina, tomo 9, 2003.

Nun, José (comp.), *Debates de Mayo. Nación, cultura y política,* Buenos Aires, Gedisa, 2005.

—, *La desigualdad y los impuestos,* Buenos Aires, Capital Intelectual, 2011.

O'Donnell, Guillermo, *¿Y a mí qué me importa? Notas sobre sociabilidad y política en Argentina y Brasil,* Buenos Aires, CEDES, 1984.

—, *Contrapuntos. Ensayos escogidos sobre autoritarismo y democratización,* Buenos Aires, Paidós, 1997.

Sinisi, Liliana, "'Todavía están bajando del cerro'" , en www. naya. org.ar/congreso/ponencia2—2.htm, 2000.

Svampa, Maristella, *Civilización o barbarie,* Buenos Aires, Taurus, 2006.

Terán, Oscar, *De utopías, catástrofes y esperanzas,* Buenos Aires, Siglo XXI, 2006.

Tprin, Verónica, *Aprender a ser chilenos*, Buenos Aires, Antropofagia, 2004.

Vázquez, Héctor, *Procesos identitarios y exclusión sociocultural,* Buenos Aires, Biblos, 2000.

Vezzetti, Hugo, *Pasado y presente. Guerra, dictadura y sociedad en la Argentina,* Buenos Aires, Siglo XXI, 2009.

Wright, Pablo, "Antropología vial: símbolos, metáforas y prácticas en el 'juego de la calle' de conductores y peatones en Buenos Aires" , ponencia presentada en el Seminario del Centro de Investigaciones Etnográficas, Universidad Nacional de San Martín, 2007.

著作权合同登记号 图字：01-2021-7225

图书在版编目（CIP）数据

阿根廷迷思 /（阿根廷）亚历杭德罗·格里姆森著；侯健，张琼译 . —北京：北京大学出版社，2022.8

ISBN 978-7-301-33070-8

Ⅰ.①阿… Ⅱ.①亚… ②侯… ③张… Ⅲ.①阿根廷－概况 Ⅳ.① K978.3

中国版本图书馆 CIP 数据核字（2022）第 095421 号

Alejandro Grimson

Mitomanías argentinas: Cómo hablamos de nosotros mismos.-
1ª ed.- 2ª reimpr.- Buenos Aires: Siglo Veintiuno Editores, 2013.

© 2012, Siglo Veintiuno Editores S.A.

Diseño de portada: Juan Pablo Cambariere

书　　　　名	阿根廷迷思 AGENTING MISI
著作责任者	〔阿根廷〕亚历杭德罗·格里姆森（Alejandro Grimson）著 侯　健　张　琼译
责 任 编 辑	闵艳芸　赵　聪
标 准 书 号	ISBN 978-7-301-33070-8
出 版 发 行	北京大学出版社
地　　　　址	北京市海淀区成府路 205 号　100871
网　　　　址	http://www.pup.cn　　新浪微博：@ 北京大学出版社
电 子 信 箱	zhaocong@pup.cn
电　　　　话	邮购部 010-62752015　发行部 010-62750672 编辑部 010-62753154
印 　刷 　者	北京中科印刷有限公司
经 销 者	新华书店
	880 毫米×1230 毫米　32 开本　11.125 印张　197 千字 2022 年 8 月第 1 版　2022 年 8 月第 1 次印刷
定　　　　价	56.00 元